HSI
Hugo Sinzheimer Institut
für Arbeits- und Sozialrecht

Das HSI ist ein Institut
der Hans-Böckler-Stiftung

Band 48
HSI-Schriftenreihe

Das Lieferkettensorg-
faltspflichtengesetz

Handlungsoptionen für Mitbestimmungsakteure und Gewerkschaften

Reingard Zimmer

BUND
VERLAG

Bibliografische Information der Deutschen Nationalbibliothek
Die Deutsche Nationalbibliothek verzeichnet diese Publikation
in der Deutschen Nationalbibliografie; detaillierte bibliografische Daten
sind im Internet über http://dnb.d-nb.de abrufbar.

@ Bund-Verlag GmbH, Emil-von-Behring-Straße 14, 60439 Frankfurt am Main, 2023

Umschlaggestaltung: A&B one Kommunikationsagentur GmbH, Berlin
Satz: Reemers Publishing Services GmbH, Krefeld
Druck: CPI books GmbH, Birkstraße 10, 25917 Leck

ISBN 978-3-7663-7312-0

www.bund-verlag.de

Reingard Zimmer
Das Lieferkettensorgfaltspflichtengesetz
Handlungsoptionen für Mitbestimmungsakteure und Gewerkschaften

Vorwort

In Teilen der internationalisierten Wertschöpfungsketten sind Menschenrechtsverletzungen und Umweltzerstörung noch immer Realität. Das „Gesetz über die unternehmerischen Sorgfaltspflichten in Lieferketten" (LkSG) ist Ausdruck eines Paradigmenwechsels, auf den die internationale Gewerkschaftsbewegung und Akteure wie der UN-Menschenrechtsrat mit den „Leitprinzipien Wirtschaft und Menschenrechte" lange hingearbeitet haben. Das Gesetz nimmt Unternehmen stärker für die Einhaltung globaler, arbeitsbezogener Menschenrechte in den Lieferketten in die Pflicht. Auch die Vermeidung von Umweltrisiken soll mithilfe des Gesetzes effektiver als bisher sichergestellt werden.

Damit steht das Gesetz in einer Reihe mit Initiativen für Transparenz und unternehmerische Sorgfaltspflichten in Staaten wie etwa Frankreich, die Niederlande, das Vereinigte Königreich oder auch in Kalifornien. Zum 1. Januar 2023 tritt das Gesetz, das nach langen Verhandlungen im Juni 2021 durch den deutschen Bundestag beschlossen wurde, in Kraft.

Systematisch ist das Gesetz weniger dem Arbeits- als vielmehr dem Wirtschaftsrecht zuzuordnen. Aufgrund seiner Zielsetzung stellt es aber einen wichtigen „Baustein eines transnationalen Arbeitsrechts" dar, wie es Rüdiger Krause zutreffend formuliert (RdA 2022, 303). Nicht nur mit seinem Verweis auf die Vereinigungsfreiheit enthält das LkSG Hebel für den transnationalen Schutz der Interessenvertretungen.

Prof. Dr. Reingard Zimmer, Professorin an der Hochschule für Wirtschaft und Recht, Berlin, gibt mit dem vorliegenden Gutachten einen profunden Überblick über die für die betriebliche Praxis besonders relevanten Vorschriften des Gesetzes. Sie arbeitet heraus, welche rechtlichen Instrumente Arbeitnehmervertretungen und Gewerkschaften in Deutschland und im Ausland mit dem LkSG an die Hand gegeben werden, um die unternehmerische Sorgfalt für die Einhaltung von Menschenrechten und Umweltschutz in den Lieferketten zu erhöhen. Untersucht wird insbesondere die Verzahnung mit dem Betriebsverfassungsgesetz.

Während in Brüssel noch um eine einheitliche europäische Regelung gestritten wird, nachdem die Europäische Kommission im Februar 2022 den Entwurf einer Richtlinie über die Sorgfaltspflichten von Unternehmen im Hinblick auf Nachhaltigkeit vorgelegt hat, steht hierzulande fest: Unternehmen, die von grenzüberschreitender Arbeitsteilung profitieren, werden stärker in die Verantwortung genommen werden. Auch wenn sich die Wirksamkeit des Gesetzes in der Praxis erst herausstellen muss, zeigt dieses Gutachten, dass Mitbestimmungsgremien und Gewerkschaften wichtige Akteure für die Erreichung der Ziele des Gesetzes sind.

Eine anregende Lektüre wünscht

Dr. Johanna Wenckebach
Wiss. Direktorin des Hugo Sinzheimer Instituts

Inhaltsübersicht

Inhaltsverzeichnis

A. Einleitung

Im Zuge der Globalisierung kam es bekanntermaßen zu verstärktem Outsourcing der Produktion, Güter werden in weit entfernten Winkeln der Welt eingekauft, nicht zuletzt aufgrund niedrigerer Entlohnung, schwächeren Arbeits- und Umweltbestimmungen und geringeren Kontrollen. Gewerkschaften finden dort schwierige Ausgangsbedingungen vor und haben daher einen geringen Organisationsgrad. All dies hat zur Folge, dass die Arbeitsbedingungen in den Ländern des globalen Südens (und Ostens) überwiegend katastrophal sind. Infolge des Outsourcings sind die Gewinnmargen der Unternehmen deutlich gestiegen, diese werden für Arbeits- und Umweltverstöße in anderen Ländern (entlang der Lieferkette) jedoch nicht belangt. Um die Einhaltung zentraler international anerkannter Menschen-, Arbeits- und Umweltrechte entlang der Wertschöpfungskette zu verbessern, hat der Gesetzgeber mit dem Lieferkettensorgfaltspflichtengesetz (LkSG) „Anforderungen an ein verantwortliches Management von Lieferketten für Unternehmen – ab einer gewissen Größe – festlegt",[1] das Gesetz wurde am 11.06.2021 vom deutschen Bundestag beschlossen.[2] Ziel des Gesetzgebers ist, dass in Deutschland ansässige Unternehmen ihre Verantwortung in der Lieferkette bezüglich der Achtung international anerkannter Menschen- und Arbeitsrechte wahrnehmen, indem sie Kernelemente der menschenrechtlicher Sorgfaltspflichten („Due Diligence") in ihre Unternehmenstätigkeit implementieren.[3]

Die inhaltlichen Anforderungen an ein verantwortliches unternehmensseitiges Management von Lieferketten gehen auf die Leitprinzipien für Wirtschaft und Menschenrechte der Vereinten Nationen (UN-Leitprinzipien) des UN-Menschenrechtsrats von 2011 zurück, in denen die drei Säulen des Schützens, Respektierens und Abhelfens („protect", „respect", „remedy") formuliert wurden. Auf dieser Basis wurde ein Nationaler Aktionsplan Wirtschaft und Menschenrechte[4] für Deutschland festgelegt.[5] Die Verabschiedung des LkSG ist insoweit eingebettet in eine seit Jahren an Intensität zunehmende Debatte über die Verantwortlichkeit transnationaler Unternehmen für Menschen-, Arbeits- und Umweltrechtsverletzungen entlang der Wertschöpfung ihrer Produkte oder Dienstleistungen. Da sich im Monitoring der Bundesregierung zum nati-

---

1   BT-Drs. 19/28649, S. 2.
2   Gesetz über die unternehmerischen Sorgfaltspflichten in Lieferketten vom 16. Juli 2021, BGBl. I S. 2959.
3   BT-Drs. 19/28649, S. 2, 23.
4   Für weitere Informationen siehe Website des BMAS unter: https://www.csr-in-deutschland.de/DE/Wirtschaft-Menschenrechte/NAP/nap.html (10.11.2022).
5   BT-Drs. 19/28649, S. 23.

onalen Aktionsplan zeigte, dass von 2018 bis Ende 2020 lediglich zwischen 13 und 17 Prozent der befragten Unternehmen die Anforderungen des Nationalen Aktionsplans erfüllen,[6] hat der Gesetzgeber beschlossen, tätig zu werden und verbindliche Regelungen zu schaffen.[7]

Ähnliche Entwicklungen sind auch in anderen Ländern zu verzeichnen, in denen im Rahmen der Debatte um die Verantwortlichkeit von Unternehmen ebenfalls gesetzliche Bestimmungen geschaffen wurden,[8] wie der Dodd-Frank Act (Section 1502) in den USA (2010),[9] der kalifornische Transparency in Supply Chain Act zu Sklaverei und Menschenhandel in der Lieferkette weltweit (2012),[10] der britische Modern Slavery Act (2015),[11] das französische Sorgfaltspflichtengesetz (2017),[12] der australische Modern Slavery Act (2018),[13] das niederländische Gesetz gegen Kinderarbeit (2019)[14] sowie das norwegische Transparenzgesetz (2021)[15] bzgl. grundlegender Menschen- und Arbeitsrechte,[16] das am gleichen Tag wie das deutsche LkSG verabschiedet wurde. Auf EU-Ebene wurde bereits 2013 die Holz-Verordnung 995/2010[17] verabschiedet, in der Sorgfaltspflichten zur Vermeidung von illegalem Holzeinschlag weltweit verankert sind, hinzu kam 2014 die CSR-Berichtspflichten Richtlinie 2014/95/

---

6 Auswärtiges Amt, Monitoring zum Nationalen Aktionsplan Wirtschaft und Menschenrechte (2020), online: https://www.auswaertiges-amt.de/de/aussenpolitik/themen/aussenwirtschaft/wirtschaft-und-menschenrechte/monitoring-nap/2124010 (09.04.2022).

7 BT-Drs. 19/28649, S. 2.

8 Siehe vertiefend Grabosch, Unternehmen und Menschenrechte. Gesetzliche Verpflichtungen zur Sorgfalt im weltweiten Vergleich (2019), S. 6 ff.

9 Dodd-Frank Wall Street Reform and Consumer Protection Act (2010), Section 1502 verpflichtet Unternehmen zur Offenlegung der Herkunft von Konfliktmineralien, abgedruckt in: Grabosch (2019), S. 15 f.

10 California Transparency in Supply Chains Act, Section 1714.43 Civil Code (der Act ist Bestandteil des Abschnittes über unerlaubte Handlungen des kalifornischen Zivilgesetzbuches), abgedruckt in: Grabosch (2019), S. 21.

11 Modern Slavery Act (2015 c. 30), der Gesetzestext ist verfügbar unter: https://www.legislation.gov.uk/ukpga/2015/30/contents/enacted (03.08.2022).

12 Loi relative au devoir de vigilance („Loi de vigilance"), loi n° 2017-399, JORF n° 0074 v. 28.03.2017, vertiefend: Frappard, AuR 6/2018, S. 277 ff.

13 Vertiefend Grabosch (2019), S. 42 ff.

14 Wet Zorgplicht Kinderarbeid, Staatsblad 2019, 401; vertiefend: Stöbener de Mora/Noll, NZG 2021, 1285 (1288).

15 Das Gesetz bezieht sich auf die Transparenz von Unternehmen bzgl. grundlegender Menschen- und Arbeitsrechte, LOV-2021-06-18-99. Nichtautorisierte englische Übersetzung: https://lovdata.no/dokument/NLE/lov/2021-06-18-99#:~:text= (02.08.2022).

16 Weitergehende Informationen: Krajewski/Tonstat/Wohltmann, Mandatory Human Rights Due Diligence in Germany and Norway: Stepping, or Striding, in the Same Direction?, BHRJ 6/2021, S. 550 (551 ff.).

17 Verordnung Nr. 995/2010 des Europäischen Parlaments und des Rates vom 20. Oktober 2010 über die Verpflichtungen von Marktteilnehmern, die Holz und Holzerzeugnisse in Verkehr bringen, OLJ 295, 12.11.2010, S. 23–34.

EU[18] sowie die EU-Konfliktmineralien Verordnung 2017/821 von 2021.[19] Mittlerweile liegt zudem der Entwurf einer EU-Richtlinie (RL) über die Sorgfaltspflichten von Unternehmen im Hinblick auf Nachhaltigkeit vor.[20]

Die besten Regelungen sind allerdings von geringem Nutzen, wenn sie nur unzureichend umgesetzt werden. Die Umsetzungspflicht liegt ohne Frage bei den Unternehmen, sind die Bestimmungen doch an sie gerichtet. Staatliche Stellen sind für die Kontrolle zuständig – in der Debatte vernachlässigt wird jedoch die Frage, welche Rolle Mitbestimmungsakteure und Gewerkschaften bei der Umsetzung und Kontrolle des LkSG einnehmen können. Dieser Frage wird vorliegend nachgegangen. Im Folgenden werden zuerst die Bestimmungen des LkSG – unter partieller Berücksichtigung des europäischen Rechts – vorgestellt, darüber hinaus wird analysiert, inwieweit das LkSG für Mitbestimmungsakteur*innen und Gewerkschaften nutzbar gemacht werden kann und inwieweit diese die Umsetzung des LkSG stärken können.

---

18 Richtlinie 2014/95/EU des Europäischen Parlaments und des Rates vom 22. Oktober 2014.

19 Verordnung 2017/821 des Europäischen Parlaments und des Rates vom 17. Mai 2017 zur Festlegung von Pflichten zur Erfüllung der Sorgfaltspflichten in der Lieferkette für Unionseinführer von Zinn, Tantal, Wolfram, deren Erzen und Gold aus Konflikt- und Hochrisikogebieten, OJL 130, 19.05.2017, S. 1 ff.

20 Vorschlag für eine Richtlinie des Europäischen Parlaments und des Rates über die Sorgfaltspflichten von Unternehmen im Hinblick auf Nachhaltigkeit und zur Änderung der Richtlinie (EU) 2019/1937 v. 23. Oktober 2019.

B. Menschenrechtliche Sorgfaltspflichten von Unternehmen nach dem LkSG

1. Anwendungsbereich des Gesetzes (§ 1 LkSG)

Das Lieferkettensorgfaltspflichtengesetz gilt gem. § 1 Abs. 1 S. 1 LkSG[21] ab 01.01.2023 für alle Unternehmen, die „ihre Hauptverwaltung, ihre Hauptniederlassung, ihren Verwaltungssitz[22] oder satzungsgemäßen Sitz im Inland haben" (Nr. 1) und i.d.R. mindestens 3.000 Arbeitnehmer*innen in Deutschland beschäftigen (Nr. 2). Gleiches gilt für ausländische Unternehmen mit einer Zweigniederlassung i.S.v. § 13d HGB in Deutschland (§ 1 Abs. 1 S. 2 Nr. 1 und 2), sofern der Schwellenwert an Beschäftigten im Inland erreicht wird. Bei einer Zweigniederlassung handelt es sich um eine Betriebsstätte, die organisatorisch selbstständig ist, was über eine bloße Repräsentanz, ein Ladengeschäft oder Warenlager hinausgeht.[23] Die organisatorische Einheit nimmt zwar selbstständig am Rechtsverkehr teil, tritt hier allerdings im Namen des (ausländischen) Unternehmens auf, dem sie gehört und ist daher keine eigene Rechtsperson, sodass die Sorgfaltspflicht von dem ausländischen Mutterunternehmen durchzuführen ist.[24] Gibt es mehrere Zweigniederlassungen eines ausländischen Unternehmens in Deutschland, sind deren Beschäftigte somit zusammenzurechnen. Von Zweigniederlassungen zu unterscheiden sind Tochterunternehmen ausländischer Konzerne, die als selbstständige Rechtssubjekte nur in den Anwendungsbereich des Gesetzes fallen, wenn sie selbst den Schwellenwert erreichen.[25]

Das Gesetz gilt für alle Branchen und Unternehmen aller Rechtsformen (§ 1 Abs. 1 S. 1 LkSG) und findet somit auch Anwendung auf Stiftungen und Unternehmen in kirchlicher Trägerschaft.[26] Da der Gesetzgeber keine Beschränkung auf eine erwerbswirtschaftliche Betätigung vorgenommen hat, sind auch

---

21 Im Folgenden sind alle aufgeführten §§ solche des LkSG, es sei denn, sie sind anderweitig gekennzeichnet.

22 Hauptverwaltung und Verwaltungssitz bezeichnen das Gleiche, nämlich den Ort, von dem aus die Geschäfte geleitet werden, Grabosch-Grabosch, LkSG, § 3, Rn. 11.

23 Grabosch/Schönfelder, AuR 12/2021, 488 (489).

24 Grabosch-Grabosch, LkSG, § 3 Rn. 13; Valdini, BB 2021, 2955 (2956).

25 Grabosch-Grabosch, LkSG, § 3 Rn. 14.

26 Nietsch/Wiedmann, NJW 2022, 1 (5); Sagan/Schmidt, NZA-RR 6/2022, 281 (283); Spindler, ZHR 186 (2022), 67 (73); Wernicke, AuA 7/2022, 8 (9). In Bezug auf Bereiche der katholischen Kirche als „Unternehmen" bereits Spießhofer, Unternehmerische Verantwortung (2017), S. 476 ff.

gemeinnützige Unternehmen erfasst.[27] Ebenfalls in den Anwendungsbereich des Gesetzes fallen juristische Personen des öffentlichen Rechts, lediglich solche, die Verwaltungsaufgaben einer Gebietskörperschaft wahrnehmen und nicht unternehmerisch am Markt tätig sind, sind nicht erfasst.[28]

Der Gesetzeswortlaut stellt in § 1 Abs. 1 LkSG zwar auf Unternehmen ab. Da § 1 Abs. 3 LkSG jedoch für verbundene Unternehmen i.S.v. § 15 AktG normiert, dass „die im Inland beschäftigten Arbeitnehmer sämtlicher konzernangehöriger Gesellschaften bei der Berechnung der Arbeitnehmerzahl (…) der Obergesellschaft zu berücksichtigen sind", erfolgt die Zurechnung konzernbezogen. Die Konzernzurechnungsklausel des § 1 Abs. 3 LkSG bezieht sich allerdings lediglich auf im Inland beschäftigte Arbeitnehmer*innen, zzgl. Entsandter, ähnlich wie bei § 5 MitbestG.[29] Eine Lücke ergibt sich bspw. bei einem Konstrukt vieler einzelner Familienunternehmen, wenn diese nicht die Voraussetzungen der aktienrechtlichen Bestimmungen erfüllen, sodass kein Konzern gegeben ist.

Gem. § 1 Abs. 2 LkSG sind Leiharbeitnehmer*innen bei der Berechnung der Arbeitnehmer*innenzahl des Entleihunternehmens zu berücksichtigen, sofern die Einsatzdauer mehr als sechs Monate beträgt. Abzustellen ist dabei auf die Zahl der eingesetzten Leiharbeitnehmer*innen, auch wenn diese personell wechseln oder an unterschiedlichen Arbeitsplätzen im entleihenden Unternehmen eingesetzt werden.[30] Auch ins Ausland entsandte Arbeitnehmer*innen sind zu berücksichtigen (§ 1 Abs. 3 Hs. 2 LkSG).

Der Schwellenwert verringert sich zum 01.01.2024 auf 1.000 Arbeitnehmer*innen (§ 1 Abs. 1 S. 2 LkSG), wobei abzuwarten bleibt, ob sich diese Schwelle nicht noch durch europäisches Recht verringert. So sieht der Entwurf einer EU-Richtlinie über unternehmensbezogene Sorgfaltspflichten von Unternehmen[31] einen deutlich geringeren Schwellenwert vor und stellt in Art. 2 Abs. 1 lit. a) lediglich auf i.d.R. über 500 Beschäftigte ab (bei mehr als 150 Mio. € Nettoumsatz/Jahr) bzw. auf 250–500 Beschäftigte (und 40–150 Mio. € Nettoumsatz/Jahr, Art. 2 Abs. 1 lit. b), sofern mindestens 50 % des Nettoumsatzes aus einem der ausdrücklich genannten Sektoren stammt (u. a. Textil, Landwirtschaft, Lebensmittel, Rohstoffgewinnung, Metallverarbeitung, ausgenommen:

---

27 Nietsch/Wiedmann, NJW 2022, 1 (5).
28 BT-Drs. 19/28649, S. 33.
29 Spindler, ZHR 186 (2022), 67 (75).
30 BT-Drs. 19/28649, S. 34.
31 Entwurf einer Richtlinie des Europäischen Parlaments und des Rates über die Sorgfaltspflichten von Unternehmen im Hinblick auf Nachhaltigkeit und zur Änderung der Richtlinie (EU) 2019/1937.

Maschinenbau), Art. 2 Abs. 1 lit. b) i–iii.[32] Insoweit bleibt abzuwarten, welche Änderungen der Richtliniengeber dem deutschen Gesetzgeber noch aufgeben wird. Dieser hat aus gutem Grund zu Ende Juni 2024 eine Evaluation des LkSG auf Basis der nach § 10 Abs. 2 LkSG[33] vorzulegenden Unternehmensberichte vorgesehen, um festzustellen, ob der Anwendungsbereich des Gesetzes durch eine Herabsetzung des Schwellenwertes erweitert werden soll.[34]

II. Reichweite der Lieferkette (§ 2 Abs. 5 LkSG)

Das Gesetz verwendet den Terminus der Lieferkette, der jedoch unglücklich gewählt ist, da er begrifflich auf die Lieferung von Produkten abstellt. Umfasst sind ausweislich des Gesetzestextes gem. § 2 Abs. 5 S. 1 LkSG jedoch nicht nur alle Produkte, sondern auch alle Dienstleistungen eines Unternehmens, d.h. alle Schritte im In- und Ausland, die zur Herstellung der Produkte und zur Erbringung der Eigenleistungen erforderlich sind, einschließlich des Transports (§ 2 Abs. 5 S. 2 LkSG). Nach dem Willen des Gesetzgebers beginnt die Lieferkette „mit der Gewinnung der eingesetzten Rohstoffe und endet mit der Lieferung des Produktes an den Endkunden", wobei „die Bestandteile einer Lieferkette je nach Art des Produktes oder der Leistung variieren" können.[35] Erfasst sind alle „Aktivitäten, die dafür sorgen, dass das Produkt seinen endgültigen Bestimmungsort erreicht, zum Beispiel mit Hilfe von Distributoren, Lagern, physischen Geschäften oder Online-Plattformen".[36] Die Lieferkette ist je nach Sektor unterschiedlich aufgebaut, bspw. im Finanzsektor „findet ein wesentlicher Teil der Produktion zeitgleich mit der Erbringung der Dienstleistung gegenüber dem Kunden statt und setzt (…) weitere Produktionsprozesse frei".[37] Insoweit „werden für solche Dienstleistungen auch die Beziehung zum Endkunden und die nachgelagerten Stufen der Lieferkette erfasst".[38]

In den Sozialwissenschaften wird seit geraumer Zeit nicht mehr die Terminologie der Lieferkette (supply chain[39]), sondern die der Wertschöpfungskette (value chain)[40] verwendet, die sprachlich alle Sektoren, also auch den Dienst-

---

32 Hübner/Habrich/Weller, NZG 2022, 644 (645 ff.).
33 Ergänzt durch Erhebungen bei Unternehmen und Stakeholdern.
34 BT-Drs. 19/28649, S. 32.
35 Vgl. zudem BT-Drs. 19/28649, S. 40.
36 BT-Drs. 19/28649, S. 40.
37 BT-Drs. 19/28649, S. 40.
38 BT-Drs. 19/28649, S. 40.
39 Zum Konzept vgl. Gereffi (1994), S. 95; Fichter/Sydow, IB 4/2002, S. 357 (364).
40 Vgl. Hendersen et al. (2002), S. 439 ff.

leistungssektor mit einschließt.[41] Die weit verzweigte Arbeitsteilung wird auch als Produktion in Netzwerkstrukturen beschrieben, in der transnationale Konzerne die Achsnabe bilden, um die herum sich das Wirtschaftsgeschehen realisiert.[42] Vorliegend wird überwiegend die durch den Gesetzgeber verwendete Terminologie eingesetzt, zum Teil wird zur Klarstellung auch die Begrifflichkeit der Wertschöpfungskette verwendet.

III. Menschenrechtliche und umweltbezogene Risiken

Das Gesetz verpflichtet Unternehmen gem. § 2 Abs. 2 LkSG dazu, dafür Sorge zu tragen, dass zentrale Menschen- und Umweltrechte in ihren Lieferketten nicht verletzt werden, wobei arbeitsrechtliche Bestimmungen unter Menschenrechte gefasst werden. Situationen, die zur Nichtbeachtung der im Folgenden aufgeführten Menschen- und Umweltrechte mit hinreichender Wahrscheinlichkeit beitragen, gelten als unzulässige menschenrechtliche Risiken im Sinne des LkSG.[43]

1. Einführung

Bei den zu beachtenden grundlegenden Rechten wird auf den Inhalt völkerrechtlicher Verträge abgestellt, da das LkSG in § 2 Abs. 1 die in der Anlage zum Gesetz aufgelisteten Übereinkommen als „geschützte Rechtspositionen i.S.d. Gesetzes definiert. Hierbei handelt es sich in erster Linie um Übereinkommen der Internationalen Arbeitsorganisation (auf Englisch: International Labour Organization, ILO), die den ILO-Kernarbeitsnormen zugrunde liegen, sowie um den UN-Zivil[44]- und Sozialpakt[45] und die UN-Übereinkommen Minamata zu Quecksilber[46] sowie über persistente organische Schadstoffe.[47]

---

41 Zum Konzept siehe Zimmer, Soziale Mindeststandards und ihre Durchsetzungsmechanismen (2008), S. 39.
42 Dicken et al., Global Networks 1/2001, 89 (107); Fichter/Sydow (2002), IB 4/2002, S. 357 (363 f.); Hendersen et al., RIPE 3/2002, S. 436 (442 ff.); Zimmer (2008), S. 39.
43 Dutzi/Schneider/Hasenau, DK 11/2021, S. 454 (455).
44 Internationaler Pakt über bürgerliche und politische Rechte vom 19. Dezember 1966, BGBl. 1973 II 1553.
45 Internationaler Pakt über wirtschaftliche, soziale und kulturelle Rechte vom 19. Dezember 1966, BGBl. 1973 II, S. 1569, 1570.
46 Übereinkommen von Minamata vom 10. Oktober 2013 über Quecksilber, BGBl. 2017 II, S. 610, 611.
47 Stockholmer Übereinkommen vom 23. März 2001 über persistente organische Schadstoffe (POP-Übereinkommen), BGBl. 2002 II, S. 803, 804.

2. Zu beachtende menschenrechtliche Risiken (§ 2 Abs. 2 LkSG)

Ein menschenrechtliches Risiko liegt vor, wenn „aufgrund tatsächlicher Umstände mit hinreichender Wahrscheinlichkeit ein Verstoß gegen" die im Folgenden dargestellten zentralen Menschen- bzw. Arbeitsrechte droht.

a) Mindestalter und schlimmste Formen der Kinderarbeit (Nr. 1 und 2)

Die Verpflichtung zur Analyse der Risiken in der Wertschöpfungskette eines transnational tätigen Unternehmens umfasst die Einhaltung eines Mindestalters und die Vermeidung schlimmster Formen der Kinderarbeit. Das zulässige Mindestalter für eine Beschäftigung richtet sich gem. § 2 Abs. 2 Nr. 1 LkSG nach dem jeweiligen nationalen Recht, darf jedoch 15 Jahre nicht unterschreiten (Art. 2 Abs. 3 ILO-Übereinkommen Nr. 138), wobei Jugendliche erst nach Beendigung der Schulpflicht beschäftigt werden dürfen. Länder nachholender Entwicklung können – unter gewissen Voraussetzungen – ein Mindestalter von 14 Jahren festlegen (Art. 2 Abs. 3 Übereinkommen Nr. 138).[48] Leichtere Tätigkeiten kleineren Umfangs, die mit der Schulpflicht in Einklang stehen, können ausnahmsweise ab 13 Jahren erlaubt werden (Art. 7 Abs. 1 Übereinkommen Nr. 138).[49]

Für Arbeiten, die „voraussichtlich für das Leben, die Gesundheit oder Sittlichkeit der Jugendlichen gefährlich" sind, beträgt das Mindestalter 18 Jahre, Art. 3 Abs. 1 Übereinkommen Nr. 138. Geht die gefährdende Tätigkeit mit einer Berufsausbildung einher und werden Maßnahmen zum besonderen Schutz der/s Auszubildenden getroffen, ist die Ausübung auch bereits ab 16 Jahren zulässig.[50] § 2 Abs. 2 Nr. 3 untersagt zudem die i.S.v. ILO-Übereinkommen Nr. 182 als schlimmste Formen der Kinderarbeit eingeordnete Tätigkeiten.[51]

b) Zwangsarbeit und alle Formen der Sklaverei (Nr. 3 und 4)

Der Schutz vor Zwangsarbeit und vor sämtlichen Formen der Sklaverei sind ebenfalls nach dem LkSG geschützte Rechtspositionen (§ 2 Abs. 2 Nr. 3 und 4 LkSG). Das Gesetz definiert Zwangsarbeit in § 2 Abs. 2 als „jede Arbeitsleistung oder Dienstleistung, die von einer Person unter Androhung von Strafe

---

48 Siehe vertiefend Zimmer, § 5 (ILO), in: Schlachter/Heuschmid/Ulber, Arbeitsvölkerrecht, 2019, Rn. 166.
49 Siehe vertiefend Zimmer, § 5 (ILO), a.a.O., Rn. 167.
50 Siehe vertiefend Zimmer, § 5 (ILO), a.a.O., Rn. 167.
51 Hierunter fallen alle Formen von Zwangsarbeit oder Sklaverei (§ 2 Abs. 2 Nr. 3 lit. a), Prostitution (lit. b), Drogenhandel u.ä. (lit. c) oder andere schädliche Arbeiten (lit. d), vgl. Zimmer, § 5 (ILO), a.a.O., Rn. 168 ff.

verlangt wird und für die sie sich nicht freiwillig zur Verfügung gestellt hat". Die Legaldefinition knüpft an Art. 2 Abs. 1 ILO-Übereinkommen Nr. 29 an, der nahezu wortgleich übernommen wurde. Als Beispiele werden im Gesetz Schuldknechtschaft und Menschenhandel genannt, letzterer ist nach §§ 232 ff. StGB in Deutschland strafbewehrt.[52] Die unternehmerische Sorgfaltspflicht bezieht sich sowohl auf Zwangsarbeit durch staatliche Stellen als auch auf solche zugunsten von Privatpersonen und Unternehmen, unabhängig davon, ob es sich um legale oder nach nationalem Recht illegale Tätigkeiten handelt.[53]

Die Strafe muss nicht über direkte Gewalt erfolgen, auch psychologischer oder finanzieller Druck kommen in Frage, die Drohung mit einer Denunzierung bei Behörden wie Polizei oder Einwanderungsbehörden reicht aus.[54] Gleiches gilt für den drohenden Entzug von Nahrung, Unterkunft oder sonstigen Notwendigkeiten sowie für den Verlust von Rechten und Privilegien oder andere subtile Formen der Drohung. Ebenso erfasst sind finanzielle Nachteile, wie bspw. die Androhung von Entlassung aus der aktuellen oder der Ausschluss von künftiger Beschäftigung oder die Versetzung an einen Arbeitsplatz mit noch schlechteren Bedingungen.[55]

Zwangsarbeit setzt zudem voraus, dass die Arbeitsleistung nicht freiwillig erbracht wird, auch psychologischer Zwang ist zu berücksichtigen, bspw. die Verstärkung eines Arbeitsbefehls durch die glaubwürdige Androhung einer Strafe bei Nichtbefolgung. Als Zwang zu werten ist auch eine herbeigeführte Verschuldung, bspw. durch Buchfälschung, überzogene Preise, Wertminderung der erzeugten Güter oder Dienstleistungen, Wucherzinsen etc. Ein Zwangselement ist ferner gegeben, wenn von Arbeitsleistenden Ausweise oder andere wertvolle persönliche Gegenstände einbehalten werden oder wenn sie durch Täuschung oder falsche Versprechungen im Hinblick auf Art und Bedingungen der Arbeit dazu gebracht werden, diese aufzunehmen. Zwang ausgeübt wird auch, wenn Löhne einbehalten oder dieses angedroht wird.[56] Eine Tätigkeit kann freiwillig begonnen werden und sich zu Zwangsarbeit wandeln, wenn der/die Beschäftigte die Tätigkeit nicht mehr freiwillig beenden kann. Diese Kriterien können nach Auffassung des ILO-Sachverständigenausschusses bei erzwungenen Überstunden erfüllt sein, sofern die Überstunden einerseits die gesetzlichen Vorgaben überschreiten und darüber hinaus ein Element von Zwang hinzutritt, wie verschlossene Türen oder die Androhung von

---

52   Vertiefend Knospe, RdA 2011, 348 ff.
53   ILO, Global Estimate of Forced Labour, 2012, S. 19; vertiefend: Zimmer, Kommentierung von § 2 Abs. 2 Nr. 3 und 4 LkSG.
54   Frenz, NZA 2007, 734 (736).
55   ILO, Eine globale Allianz gegen Zwangsarbeit, 2005, S. 6.
56   Zimmer, Kommentierung von § 2 Abs. 2 Nr. 3 und 4 LkSG.

Entlassung, was in der globalen Produktion nicht selten der Fall ist. Das Zwangselement ist auch gegeben, wenn der Mindestlohn nur mittels zusätzlicher Überstunden erreicht werden kann.[57]

Sämtliche Formen von Zwangsarbeit können auch in Deutschland vorkommen, so kann bspw. Menschenhandel zum Zwecke ausbeuterischer Arbeitsbedingungen vorliegen, wenn bulgarischen Erntehelfern in Deutschland nach ihrem Eintreffen die Pässe vom Arbeitgeber abgenommen werden oder sie durch Unterzeichnen eines Vertrages, den sie nicht verstehen konnten, in ein Arbeitsverhältnis einwilligen, in dem ihnen weniger als der geltende Mindestlohn zugesichert wird.[58]

c)   Arbeitsschutz (Nr. 5)

Die Verpflichtung zur Analyse der Risiken in der Wertschöpfungskette eines transnational tätigen Unternehmens umfasst gem. § 2 Abs. 2 Nr. 5 LkSG den Arbeits- und Gesundheitsschutz, wobei der Gesetzgeber lediglich die Einhaltung der nach dem Recht des Beschäftigungsortes geltenden Schutzbestimmungen vorgesehen hat. Abgestellt wird auf Sicherheitsstandards bzgl. Arbeitsstätte, Arbeitsplatz und Arbeitsmittel (Nr. 5 lit. a), zudem dürfen geeignete Schutzmaßnahmen gegen „chemische, physikalische oder biologische Stoffe" nicht fehlen (Nr. 5 lit. b). Darüber hinaus müssen arbeitsorganisatorische Maßnahmen zur „Verhinderung übermäßiger körperlicher und geistiger Ermüdung" durch ausufernde Arbeitszeiten und nicht ausreichende Ruhepausen ergriffen werden (Nr. 5 lit. c). Beschäftigte sind darüber hinaus ausreichend für die Tätigkeit auszubilden und zu unterweisen (Nr. 5 lit. d).

d)   Koalitionsfreiheit (Nr. 6)

Die Verpflichtung zur Analyse der Risiken in der Wertschöpfungskette eines transnational tätigen Unternehmens umfasst gem. § 2 Abs. 2 Nr. 6 LkSG die Gewährleistung von Vereinigungsfreiheit und dem Recht auf Kollektivverhandlungen, mithin der Tarifautonomie. Dieses gilt sowohl für die Lieferkette im Ausland als auch in Deutschland. Gewährleistet sind die individuelle und die kollektive Koalitionsfreiheit, was mit dem Gewährleistungsgehalt von ILO-Übereinkommen Nr. 87 korrespondiert.[59]

(1)   Individuelle Koalitionsfreiheit

Beschäftigte haben gem. § 2 Abs. 2 Nr. 6 lit. a) LkSG das Recht sich „frei" zu Gewerkschaften zusammenzuschließen oder diesen beitreten zu können, wo-

---

57 ILO, General Survey (forced labour), 2007, Rn. 132.
58 Zimmer, Kommentierung von § 2 Abs. 2 Nr. 3 und 4 LkSG.
59 Zimmer, Kommentierung zu § 2 Abs. 2 Nr. 6 LkSG (2022).

bei lediglich die Satzung der jeweiligen Organisation einzuhalten ist (Art. 2 ILO-Übereinkommen Nr. 87).[60] Art. 1 Abs. 1 Übereinkommen Nr. 98 untersagt jede unterschiedliche Behandlung, die mit der Vereinigungsfreiheit im Zusammenhang steht. Gem. § 2 Abs. 2 Nr. 6 lit. b) LkSG sind ungerechtfertigte Diskriminierungen oder Vergeltungsmaßnahmen aufgrund von Gewerkschaftsmitgliedschaft oder gewerkschaftlicher Betätigung explizit verboten. Ebenfalls unzulässig ist es, „die Beschäftigung eines Arbeitnehmers davon abhängig zu machen, dass er (sie) keiner Gewerkschaft beitritt oder aus einer Gewerkschaft austritt" (Art. 1 Abs. 2 lit. a) ILO-Übereinkommen Nr. 98).[61]

(2)   Kollektive Koalitionsfreiheit

Gem. § 2 Abs. 2 Nr. 6 lit. c) LkSG ist auch die kollektive Koalitionsfreiheit geschützt. Hierunter fällt, dass Gewerkschaften sich frei betätigen dürfen. Umfasst sind ausweislich des Gesetzestextes auch das Streikrecht und das Recht auf Kollektivverhandlungen. Der Gesetzgeber hat jedoch vorgesehen, dass die freie Betätigung der Koalitionen „in Übereinstimmung mit dem Recht des Beschäftigungsortes" erfolgt. Weitere Auslegungshinweise enthält der Gesetzestext nicht. In der Gesetzesbegründung wird das Recht des Beschäftigungsortes jedoch nicht erwähnt, sondern ausschließlich auf die internationalen Übereinkommen verwiesen (Art. 22 des UN-Zivil-[62] und Art. 8 des Sozialpaktes[63] sowie ILO-Übereinkommen Nr. 87 und 98), die ausweislich der Gesetzesbegründung insgesamt unter Maßgabe der entsprechenden Spruchkörper der UN und der ILO auszulegen sind.[64] Eine vollständige Verdrängung des internationalen durch das nationale Recht kann der Gesetzgeber somit nicht intendiert haben.[65] Da Art. 8 Abs. 3 des Sozialpaktes ILO-Übereinkommen Nr. 87 als einzuhaltende Untergrenze festschreibt, gibt das internationale Recht folglich den Maßstab möglicher Einschränkungen vor und stellt eine einzuhaltende Untergrenze dar.[66]

---

60   Zimmer, Kommentierung zu § 5 (ILO, 2019), Rn. 73.

61   Siehe vertiefend: Zimmer, Kommentierung zu § 2 Abs. 2 Nr. 6 LkSG (2022).

62   Internationaler Pakt über bürgerliche und politische Rechte vom 19. Dezember 1966, BGBl. 1973 II, S. 1553.

63   Internationaler Pakt über wirtschaftliche, soziale und kulturelle Rechte vom 19. Dezember 1966, BGBl. 1973 II, S. 1569, 1570.

64   BT-Drs. 19/28649, S. 34, 37.

65   In der Gesetzesbegründung wird vielmehr ausgeführt: „Generell müssen alle Unternehmen innerhalb ihres Geschäftsbereiches darauf achten, Vereinigungen oder andere Gruppen in ihrer Gründung und ihren Aktivitäten nicht durch ihr unternehmerisches Handeln zu behindern und damit die nach Artikel 22 des Internationalen Paktes (…) über bürgerliche und politische Rechte, Artikel 8 des Internationalen Paktes (…) über wirtschaftliche, soziale und kulturelle Rechte, ILO-Übereinkommen Nr. 87 und ILO-Übereinkommen Nr. 98 einzuhaltenden Regelungen zu verletzen".

66   Siehe vertiefend zum anzuwendenden Recht: Zimmer, Kommentierung zu § 2 Abs. 2 Nr. 6 LkSG (2022).

Die Betätigungsgarantie umfasst bspw. das Recht auf Gründung einer (Betriebs-)Gewerkschaft bzw. die Registrierung einer Gewerkschaft für den Betrieb, dieses darf arbeitgeberseitig nicht behindert werden.[67] Da es die freie Entscheidung der Arbeitnehmer*innen ist, sich für eine bestimmte Gewerkschaft zu entscheiden, hat sich das zuständige Überwachungsgremium bei der ILO, der Ausschuss für Vereinigungsfreiheit, in ständiger Spruchpraxis für Gewerkschaftspluralität ausgesprochen.[68] Hierunter ist zu verstehen, dass es mehrere unterschiedliche Gewerkschaften in einem Betrieb geben darf. Der Arbeitgeber darf daher nicht eine unliebsame, kämpferische Gewerkschaft aus dem Betrieb treiben oder deren Mitglieder gar entlassen.[69] Wie der Ausschuss in langjähriger Spruchpraxis ausführt, beinhaltet Übereinkommen Nr. 87 auch ein Zutrittsrecht von Gewerkschaftsbeauftragten zum Betrieb,[70] sowohl um ihnen zu ermöglichen, ihre Funktion auszuüben,[71] als auch zu Zwecken der Mitgliederwerbung, wobei das Eigentums- und Leitungsrecht gebührend beachtet werden muss.[72] Das Zugangsrecht steht auch externen Gewerkschaftsvertreter*innen zu, zumindest wenn die Gewerkschaft in dem Betrieb bereits über Mitglieder verfügt und der Betriebsablauf dadurch nicht gefährdet wird.[73]

Ausweislich des Gesetzestextes ist das Streikrecht von den Gewährleistungen des § 2 Abs. 2 Nr. 6 lit. c) 2. Hs. LkSG explizit umfasst. Maßgeblich ist das nationale Recht, soweit es mit den Gewährleistungen von ILO Übereinkommen

---

67 Vgl. ILO, Compilation of decisions of the Committee on Freedom of Association (2018), Rn. 419 ff., wobei die Aussagen (entsprechend der Adressierung des Übereinkommens Nr. 87) sich auf staatliche Einmischung beziehen.

68 67th Report of the CFA, case No. 303 (Ghana), Rn. 260, 264; 95th Report, case No. 448 (Uganda), Rn. 124; 127th Report, case No. 878 (Nigeria), Rn. 109; 197th Report, case No. 905 (UdSSR), Rn. 633; 265th Report, case No. 1431 (Indonesien), Rn. 127; 270th Report, case No. 1500 (China), Rn. 324; 338th Report, case No. 2348 (Irak), Rn. 995; vgl. zudem General Survey 1983, Rn. 136–138, oder Gitzel, Der Schutz der Vereinigungsfreiheit, 2014, S. 156 ff.

69 Siehe vertiefend: Zimmer, Kommentierung zu § 2 Abs. 2 Nr. 6 LkSG (2022).

70 Die Rechtsprechung in Deutschland hat in den zentralen Entscheidungen zu dieser Frage nicht auf ILO-Übereinkommen Nr. 87 Bezug genommen (vgl.: BVerfG 14.11.1995, BVerfGE 93, 352 ff., sowie BAG v. 22.06.2010, NZA 2010, 1365 ff.; 28.02.2006, NJW 1982, 2279 ff.; 19.01.1982, NJW 1982, 2279 ff.).

71 318th Report of the CFA, case No. 2012 (Russland), Rn. 426; 378th Report of the CFA, case No. 3171 (Myanmar), Rn. 491; 377th Report, case No. 3140 (Montenegro), Rn. 395.

72 309th Report of the CFA, case No. 1852 (UK), Rn. 338; 327th Report, case No. 1948/1955 (Kolumbien), Rn. 358; 330th Report, case No. 2208 (El Salvador), Rn. 604; 332nd Report, case No. 2046 (Kolumbien), Rn. 446; 333rd Report, case No. 2255 (Sri Lanka), Rn. 131; 335th Report, case No. 2317 (Moldavien), Rn. 1087.

73 334th Report of the CFA, case No. 2316 (Fiji), Rn. 505; 378th Report, case No. 3171 (Myanmar), Rn. 491; ebenso: Schubert, Arbeitsvölkerrecht, S. 175. Gleiches gilt im Grundsatz auch für den Zugang zu kirchlichen Einrichtungen, ILO, Report of the committee of experts on the application of conventions and recommendations (Report III (4A) 1985, Rn. 149 f; 1987, Rn. 179, sowie 1989, Rn. 166 u. 1991, Rn. 174.

Nr. 87 und den Aussagen der ILO-Spruchkörper (Sachverständigenausschuss sowie Ausschuss für Vereinigungsfreiheit) übereinstimmt.[74]

(3) Betriebliche Arbeitnehmervertretungen (Betriebsrat)

Fraglich ist, ob auch die Bildung eines Betriebsrates von der Norm erfasst ist. Der Wortlaut von § 2 Abs. 2 Nr. 6 LkSG stellt durchgängig nur auf Gewerkschaften ab, sodass in der Literatur eine Anwendung der Norm auf Betriebsräte daher zum Teil verneint wird.[75] Allerdings führt die Gesetzesbegründung „Gewerkschaften oder andere Mitarbeitenden-Vertretung" auf, sodass der Gesetzgeber den durch die Norm vermittelten Schutz offensichtlich nicht auf Gewerkschaften begrenzen wollte, der in der Gesetzesbegründung zum Ausdruck kommende Wille des Gesetzgebers ist insoweit deutlich. Folglich ist der Wortlaut ergänzend dahingehend auszulegen, dass auch gewählte Arbeitnehmervertreter wie Betriebsratsmitglieder unter den Schutz der Norm fallen,[76] zumindest soweit sie in der jeweiligen Rechtsordnung mit Rechten versehen und geschützt werden. Der Gesetzgeber wollte offensichtlich die in einem Land vorgesehene Arbeitnehmervertretung geschützt sehen, wobei dies in den meisten Ländern der Welt Gewerkschaften sind.[77]

e) Gleichbehandlung (Nr. 7)

Das Verbot der Diskriminierung bei der Beschäftigung ist ebenfalls eine nach dem LkSG geschützte Rechtsposition. § 2 Abs. 2 Nr. 7 LkSG stellt auf die Diskriminierungsmerkmale nationale und ethnische Abstammung, soziale Herkunft, Gesundheitsstatus, Behinderung, sexuelle Orientierung, Alter, Geschlecht, politische Meinung sowie Religion oder Weltanschauung ab, die Aufzählung ist nicht abschließend.[78] Damit geht die Norm über die Diskriminierungsmerkmale des AGG hinaus. Im Unterschied zum AGG wurde jedoch keine Beweiserleichterung normiert, die der aus § 22 AGG entsprechen würde.[79] Eine Ungleichbehandlung ist gerechtfertigt, sofern diese „in den Erfordernissen der Beschäftigung begründet ist".[80] Der Gesetzgeber hat als Regelbeispiel die Entgeltdiskriminierung gewählt, mithin „die Zahlung ungleichen Entgelts für gleichwertige Arbeit". Da der Gender Pay Gap in Deutschland mit

---

74 Siehe vertiefend: Zimmer, Kommentierung zur Internationalen Arbeitsorganisation (2019), in: Schlachter/Heuschmid/Ulber, Arbeitsvölkerrecht, § 5 Rn. 85 ff.

75 Sagan/Schmidt, NZA-RR 6/2022, 281 (285); zweifelnd Krause, Das Lieferkettensorgfaltspflichtengesetz als Baustein eines transnationalen Arbeitsrechts – Teil II, RdA 6/2022, 327 (331).

76 I.E. wie hier Ehmann, ZVertriebsR 2021, 141 (144); Nietsch/Wiedmann, CCZ 2021, 101 (105); Zimmer, Kommentierung zu § 2 Abs. 2 Nr. 6; wohl auch Grabosch/Schönfelder, Das neue LkSG, § 4 Rn. 34.

77 Vgl. Zimmer, Kommentierung zu § 2 Abs. 2 Nr. 6.

78 Sagan/Schmidt, NZA-RR 6/2022, 281 (286).

79 Baade, DStR 2022, 1617 (1620).

80 Vertiefend: Räuchle/Schmidt, § 4 (Das Arbeitsvölkerrecht der Vereinten Nationen), Rn. 49 f; Zimmer, § 5 (ILO), in: Schlachter/Heuschmid/Ulber, Arbeitsvölkerrecht, 2019, Rn. 148 ff.

18 Prozent immer noch signifikant ist,[81] wird anhand dieser Norm besonders deutlich, dass das LkSG sich nicht nur auf Risiken und Rechtsverletzungen entlang der Wertschöpfungskette im Ausland bezieht, sondern auch auf solche in Deutschland.

f) Angemessener Lohn (Nr. 8)

Als menschenrechtliches Risiko in der Wertschöpfungskette eines transnational tätigen Unternehmens gilt gem. § 2 Abs. 2 Nr. 8 LkSG das Vorenthalten eines angemessenen Lohnes, ausweislich des Gesetzestextes ist dieses „mindestens" der nach dem „anwendbaren Recht" festgelegte Mindestlohn. Dieser bemisst sich im Übrigen nach dem Recht des Beschäftigungsortes. Der Terminus „nach dem anwendbaren Recht" zeigt, dass es sich auch um ein vertraglich vereinbartes Entgelt handeln kann, solange dieses nicht unterhalb des am Beschäftigungsort geltenden Mindestlohnes liegt.[82] Fraglich ist, ob der Gesetzgeber lediglich eine formale Betrachtung anstellte, wonach ein Lohn, der nicht unterhalb des gesetzlichen Mindestlohnes[83] liegt, bereits angemessen ist[84] oder ob nur ein existenzsicherndes Entgelt als angemessen eingeordnet werden kann. Da der Gesetzgeber in der Gesetzesbegründung auf Art. 7 a) ii) des UN-Sozialpaktes[85] verweist und zudem „die örtlichen Lebenserhaltungskosten des Beschäftigten und seiner Familienangehörigen sowie die örtlichen Leistungen der sozialen Sicherheit (...) dabei berücksichtigt" sehen will,[86] wird eine formale Betrachtungsweise dem Willen des Gesetzgebers nicht gerecht. So betont der für die Auslegung des Sozialpaktes zuständige Ausschuss für ökonomische, soziale und kulturelle Rechte in seinen General Comments zu Art. 7 a), dass faire Löhne i.d.R. über dem Mindestlohn liegen müssen, die Notwendigkeit existenzsichernder Löhne wird angedeutet,[87] genauere Spezifikationen werden jedoch nicht gegeben. Reicht der gesetzliche Mindestlohn nicht aus, um den Unterhalt einer Familie zu sichern, sind demzufolge höhere Löhne zu zahlen, die existenzsichernd und damit angemessen sind.[88] In der internationalen Debatte werden mittlerweile die Ausführungen des Europäischen Komitees für Soziale Rechte[89] für die Definition zugrunde gelegt, welcher Lohn als existenzsichernd eingeordnet werden kann.[90] Hiernach sind i.d.R. 60 Prozent des

---

81 Destatis, PM vom 07.03.2022, online: https://www.destatis.de/DE/Presse/Pressemitteilungen/2022/03/PD22_088_621.html (20.08.2022).

82 Sagan/Schmidt, NZA-RR 6/2022, 281 (286).

83 Bzw. des tariflich festgelegten Lohnes, sofern ein solcher existiert.

84 So Sagan/Schmidt, NZA-RR 6/2022, 281 (286).

85 Internationaler Pakt vom 19. Dezember 1966 über wirtschaftliche, soziale und kulturelle Rechte.

86 BT-Drs. 19/28649, S. 38.

87 General Comment No. 23 (2016), Rn. 10 sowie Fn. 9 (S. 4).

88 Grabosch-Schönfelder, § 2 Rn. 39.

89 Das Europäische Komitee für Soziale Rechte ist das zur Auslegung der ESC befugte Gremium.

90 Räuchle/Schmidt, § 4 (Das Arbeitsvölkerrecht der Vereinten Nationen) Rn. 48; Zimmer, Transfer 3/2019, 285 (292). Vgl. im Übrigen Art. 4 ESC.

durchschnittlichen Nettolohns, einschließlich Boni und Sonderzahlungen als existenzsichernd einzuordnen.[91] Es bietet sich an, diesen Berechnungen auch für die Einordnung eines Lohnes als angemessen i.S.d. LkSG zu folgen.

Da das nach § 19 Abs. 1 mit der Überwachung beauftragte Bundesamt für Wirtschaft und Ausfuhrkontrolle (BAFA) auch auf Antrag tätig wird (§ 14 Abs. 1 Nr. 2 LkSG),[92] besteht für Beschäftigte, denen in Deutschland der Mindestlohn vorenthalten wird, die Möglichkeit, dieses bei der BAFA zu melden. Die Antragsbefugnis nach § 14 Abs. 1 Nr. 2 LkSG setzt eine (mögliche) Verletzung in eigenen Rechten voraus,[93] nur dann wird die Behörde in jedem Fall tätig. Erfolgt eine Meldung an die BAFA durch die betriebliche Interessenvertretung oder durch Gewerkschaftsvertreter*innen, so liegt es gem. § 14 Abs. 1 Nr. 1 im Ermessen der Behörde, ob sie tätig wird. Dieses dürfte sich bei einem Hinweis, der sich nicht nur auf die Möglichkeit einer Rechtsverletzung, sondern auf einen konkreten Rechtsverstoß bezieht, jedoch auf Null reduzieren (vgl. unter C., S. 51).

g) Herbeiführung schädlicher Umweltveränderungen mit Auswirkungen auf die Menschen (Nr. 9)

§ 2 Abs. 2 Nr. 9 LkSG untersagt das Herbeiführen schädlicher Umweltveränderungen durch die wirtschaftliche Tätigkeit eines Unternehmens. Hierunter fallen schädliche Bodenveränderungen, Gewässer- und Luftverunreinigung, schädliche Lärmemission oder ein übermäßiger Wasserverbrauch, sofern diese Auswirkungen auf die Menschen haben. Dieses kann bspw. der Fall sein, wenn „die natürlichen Grundlagen zum Erhalt und der Produktion von Nahrung erheblich beeinträchtigt" werden (lit. a), „einer Person der Zugang zu einwandfreiem Trinkwasser verwehrt" wird (lit. b), der „Zugang zu Sanitäranlagen erschwert oder zerstört" (lit. c) oder „die Gesundheit einer Person" geschädigt wird. Insoweit stellt die Norm eine Mischform zwischen umwelt- und arbeitsrechtlichen Normen dar, so ist es bspw. aus der globalen Textil- und Bekleidungsproduktion immer wieder dokumentiert, dass Beschäftigte darin limitiert werden, wie oft sie die Toiletten aufsuchen, oftmals sind diese auch verschlossen.[94]

---

91 Falls nur zwischen 50 und 60 % des durchschnittlichen Nettolohnes erreicht werden, wird dieses als ausreichend erachtet, wenn das entspr. Land nachweist, dass dennoch eine Existenzsicherung vorliegt, ESC Digest (2018), S. 85; ebenso Conclusions France (2003), S. 120.
92 Edel/Frank/Heine/Heine, BB 2021, 2890 (2894).
93 BT-Drs. 19/28649, S. 54.
94 Zimmer, Soziale Mindeststandards und ihre Durchsetzungsmechanismen, S. 133; 355.

h) Widerrechtlicher Entzug von Land, Wäldern und Gewässern (Nr. 10)

§ 2 Abs. 2 Nr. 10 LkSG untersagt Unternehmen „bei dem Erwerb, der Bebauung oder anderweitigen Nutzung von Land, Wäldern oder Gewässern" den widerrechtlichen Entzug oder widerrechtliche Zwangsräumungen, sofern deren „Nutzung die Lebensgrundlage einer Person sichert". Die Norm soll der Sicherung eines angemessenen Lebensstandards dienen, sodass ausreichend „Nahrung, Unterbringung sowie Wasser- und Sanitätsversorgung" gewährleistet ist.[95] Dieses gilt nicht nur für die Beschäftigten eines Unternehmens, bezweckt ist insbesondere auch der Schutz von Anwohner*innen.

i) Einsatz von Sicherheitskräften mit exzessiver Gewaltanwendung (Nr. 11)

Untersagt ist gem. § 2 Abs. 2 Nr. 11 LkSG ferner das Beauftragen oder Nutzen öffentlicher oder privater Sicherheitskräfte zum Schutz unternehmerischer Vorhaben, wenn dabei gefoltert wird oder anderweitig eine grausame, unmenschliche oder erniedrigende Behandlung erfolgt (lit. a), der Körper oder das „Leben verletzt werden" (lit. b) oder „die Vereinigungs- und Koalitionsfreiheit beeinträchtigt werden" (lit. c), wobei die Einsätze der Sicherheitskräfte nur bei „mangelnder Unterweisung oder Kontrolle" durch das Unternehmen zugerechnet werden können. Anregungen für einen menschenrechtskonformen Umgang mit Sicherheitskräften können einem unter Beteiligung des Internationalen Roten Kreuzes entwickelten Handbuch entnommen werden.[96]

j) Generalklausel (Nr. 12)

Der Gesetzgeber hat mit § 2 Abs. 2 Nr. 12 LkSG zudem eine Generalklausel vorgesehen, die weitere Gefährdungen bzw. Rechtsverletzungen erfasst, die „unmittelbar geeignet" sind, „in besonders schwerwiegender Weise eine geschützte Rechtsposition" zu verletzen. Zudem muss die Rechtswidrigkeit des unternehmerischen Handelns offensichtlich sein. Der Auffangtatbestand wird zum Teil mangels Bestimmtheit als unwirksam erachtet,[97] was jedoch angesichts des Offensichtlichkeitserfordernisses nicht einleuchtend ist, werden doch nur solche Fälle erfasst, in denen die Menschenrechtswidrigkeit eindeutig ist.[98]

---

95   BT-Drs. 19/28649, 38.
96   DCAF/ICRC, Addressing security and human rights challenges in complex environments, 3. Aufl. 2015.
97   Keilmann/Schmidt, WM 2021, 717 (720); Sagan/Schmidt, NZA-RR 6/2022, 281 (287); Spindler, ZHR 186 (2022), 67 (78); Wagner/Ruttloff, NJW 2021, 2145 (2147).
98   IE ebenso: Grabosch/Schönfelder-Schönfelder, § 4 LkSG, Rn. 55; Thalhammer, DÖV 2021, 825 (833); Krause, Das Lieferkettensorgfaltspflichtengesetz als Baustein eines transnationalen Arbeitsrechts – Teil II, RdA 2022, 327 (335).

3. Zu beachtende umweltbezogene Risiken (§ 2 Abs. 3 LkSG)

Mit dem LkSG soll neben arbeitsbezogenen Menschenrechten auch die Einhaltung ausgewählter Umweltrechte sichergestellt werden. § 1 Abs. 3 LkSG formuliert die maßgeblichen Umweltrechte unter Verweis auf die in der Anlage des Gesetzes aufgeführten internationalen Übereinkommen. Als umweltrechtliches Risiko in der Wertschöpfungskette eines transnational tätigen Unternehmens gilt gem. § 2 Abs. 3 LkSG

– Herstellung mit Quecksilber versetzter Produkte (§ 2 Abs. 3 Nr. 1)[99]
– Verbot der Verwendung von Quecksilber und Quecksilberverbindungen bei Herstellungsprozessen (§ 2 Abs. 3 Nr. 2)[100]
– Verbot der Behandlung von Quecksilberabfällen entgegen der Vorgaben von Art. 11 Abs. 3 Übereinkommen von Minamata (§ 2 Abs. 3 Nr. 3)[101]
– Verbot der Produktion und Verwendung von Chemikalien nach dem Übereinkommen von Stockholm (POPs-Übereinkommen, § 2 Abs. 3 Nr. 4)[102]
– Verbot der nicht umweltgerechten Handhabung, Sammlung, Lagerung und Entsorgung von Abfällen (§ 2 Abs. 3 Nr. 5)[103]
– Verbot der Ausfuhr gefährlicher Abfälle (§ 2 Abs. 3 Nr. 6).

IV. Einzuhaltende unternehmerische Sorgfaltspflichten

Den menschenrechtlichen oder umweltbezogenen Risiken soll gem. § 3 Abs. 1 LkSG durch die Einhaltung von Sorgfaltspflichten vorgebeugt werden, die sich inhaltlich „an dem menschenrechtlichen Due Diligence-Begriff" der UN-Leitprinzipien für Wirtschaft und Menschenrechte (sowie am nationalen Aktionsplan) orientieren.[104] Die Sorgfaltspflichten sind nicht als Erfolgs-, sondern als Bemühenspflichten ausgestaltet[105] und stehen unter einem Angemessenheitsvorbehalt. Welche Tätigkeiten angemessen sind, bestimmt sich nach den

---

99 Insoweit wird auf Art. 4 Abs. 1 u. Anlage A Teil I Übereinkommen von Minamata vom 10. Oktober 2013 über Quecksilber verwiesen, BGBl. 2017 II, S. 610, 611.
100 Insoweit wird auf Art. 5 Abs. 2 u. Anlage B Teil II Übereinkommen von Minamata vom 10. Oktober 2013 über Quecksilber verwiesen, BGBl. 2017 II, S. 610, 611.
101 Übereinkommen von Minamata vom 10. Oktober 2013 über Quecksilber, BGBl. 2017 II, S. 610, 611.
102 Insoweit wird auf die Bestimmungen der anwendbaren Rechtsordnung abgestellt, unter Maßgabe von Art. 6 des POPs-Übereinkommens.
103 Insoweit wird auf Art. 3 Abs. 1 li. a) und Anlage A des Stockholmer Übereinkommens vom 23. Mai 2001 über persistente organische Schadstoffe, BGBl. 2020, ABl. L 62 vom 23.02.2021, S. 1 verwiesen.
104 BT-Drs. 19/28649, 41.
105 BT-Drs. 19/28649, 2 und 41; Grabosch-Grabosch, § 2 Rn. 58; Sagan/Schmidt, NZA-RR 6/2022, 281 (282); Stöbener de Mora/Noll, NZG 2021,1237 (1240); Wagner, ZIP 2021, 1095 (1099).

Kriterien des § 3 Abs. 2, abgestellt wird auf „Art und Umfang der Geschäftstätigkeit des Unternehmens" (Nr. 1), mithin darauf, wie anfällig die Geschäftstätigkeit für eine Gefährdung oder Verletzung von Menschen- und Arbeitsrechten ist. Von wesentlicher Bedeutung ist auch das „Einflussvermögen des Unternehmens auf den unmittelbaren Verursacher" des Risikos oder der Rechtsverletzung (Nr. 2). Maßgeblich sind dabei die Größe des Unternehmens und das Auftragsvolumen, auch die Nähe zum Risiko hat Auswirkungen darauf, wie intensiv ein Unternehmen den Sorgfaltspflichten nachkommen muss.[106] Von Bedeutung ist zudem die „Wahrscheinlichkeit" und „zu erwartende Schwere" sowie die „Umkehrbarkeit" einer Rechtsverletzung (Nr. 3), die in Hochrisikosektoren größer ausfallen.[107] Die „Art des Verursachungsbeitrages" (Nr. 4) ist ebenfalls ein zu berücksichtigender Faktor, hierbei ist zu unterscheiden, ob das Unternehmen das Risiko (oder die Rechtsverletzung) allein verursacht hat oder ob Verursachungsbeiträge anderer hinzukommen.[108] Der Gesetzgeber stellt damit auf Kriterien ab, die in Compliance-Debatten als Grundsatz der Risikobasierung bekannt sind.[109]

In Bezug auf die Wertschöpfungs- bzw. Lieferkette gilt eine abgestufte Verantwortung, die für den eigenen Geschäftsbereich (§ 2 Abs. 6 LkSG) und das Handeln eines unmittelbaren Zulieferers (§ 2 Abs. 7) strenger ist als bei mittelbaren Zulieferern (§ 2 Abs. 8). Der eigene Geschäftsbereich umfasst gem. § 2 Abs. 6 S. 1 „jede Tätigkeit des Unternehmens zur Erreichung des Unternehmenszieles". Erfasst ist damit alles, was „zur Herstellung und Verwertung von Produkten und zur Erbringung von Dienstleistungen" notwendig ist, unabhängig davon, ob im Aus- oder Inland (§ 2 Abs. 6 S. 2).[110] Zum Teil wird der eigene Geschäftsbereich sehr eng ausgelegt und nur auf den eigentlichen Geschäftszweck abgestellt, ohne mittelbare Wertschöpfungsfaktoren mit einzubeziehen.[111] Das ist jedoch zu eng gedacht, da auch mittelbare Wertschöpfungsfaktoren, wie bspw. die Büroausstattung oder dienstlich eingesetzte Fahrzeuge zum Erreichen des Unternehmenszieles beitragen. Daher sind auch mittelbare Wertschöpfungsfaktoren von den Sorgfaltspflichten umfasst. Angesichts des Wortlautes der Norm ist die Grenze wohl bei Tätigkeiten wie der Essensproduktion in der Kantine zu ziehen, da diese zur Erbringung der Dienstleistung nicht erforderlich ist[112] und viele Unternehmen nicht über eine solche Einrich-

---

106 BT-Drs. 19/28649, 42.
107 BT-Drs. 19/28649, 42.
108 BT-Drs. 19/28649, 43.
109 Gehling/Ott/Lüneborg, CCZ 2021, 231 (233), vgl. zudem Dutzi/Schneider/Hasenau, DK 11/2021, 454 (456 ff.).
110 Innerhalb eines Konzernes zählen Konzerngesellschaften zum eigenen Geschäftsbereich, wenn die Obergesellschaft „einen bestimmenden Einfluss ausübt", § 2 Abs. 6 S. 3 LkSG.
111 Gehling/Ott/Lüneborg, CCZ 2021, 231 (233).
112 Nietsch/Wiedmann, NJW 2022, 1 (3); Wernecke, AuA 7/2022, 8 (10).

tung verfügen. Die Erfüllung der Sorgfaltspflichten ist kein einmaliger Vorgang, sondern ein „sich wiederholenden Kreislauf der verschiedenen (…) Verfahrensschritte".[113]

1. Risikomanagement (§ 4 LkSG)

Die unternehmensseitig einzuhaltenden Sorgfaltspflichten umfassen ein Risikomanagement (§ 4 Abs. 1 LkSG), das in Bezug auf Gefährdungen oder Verletzungen der vom LkSG geschützten Menschen- und Umweltrechtsrechte entlang der Lieferkette somit nicht mehr freiwillig ist.[114] Als Risiko wird gem. § 2 Abs. 2 ein Zustand definiert, „bei dem aufgrund tatsächlicher Umstände mit hinreichender Wahrscheinlichkeit ein Verstoß gegen" die normierten menschen- und umweltrechtlichen Verbote droht.

a) Wirksamkeit des Risikomanagements

Das einzuführende Lieferketten-Risikomanagement steht unter einem Angemessenheitsvorbehalt (§ 4 Abs. 1 S. 1 LkSG). Hieraus ergibt sich einerseits eine Begrenzung des Handlungsgebotes für Unternehmen, sie müssen nur soweit agieren, wie angemessen, also nur in angemessenem Maße finanzielle Mittel in das Risikomanagement investieren. Andererseits bedeutet „angemessen" eben auch, dass das aufzubauende System „angemessen" im Sinne von effektiv sein muss. Es ist somit ein wirksames Risikomanagementsystem aufzubauen, das alle Geschäftsabläufe einzubeziehen hat (§ 4 Abs. 1 S. 2). Eine CSR-Abteilung bspw., die völlig unabhängig von der Beschaffung fungiert, würde diese Vorgabe nicht erfüllen. Maßnahmen des Risikomanagements sind gem. § 4 Abs. 2 wirksam, wenn dadurch Risiken erkannt und Rechtsverstöße in der Wertschöpfungskette verhindert, beendet oder verringert werden. Dies gilt allerdings nur, wenn das Unternehmen die Risiken und Rechtsverstöße innerhalb der Lieferkette „verursacht oder dazu beigetragen hat". In dieser Formulierung liegt Streitpotential, da der Wortlaut eine enge Auslegung nahelegen könnte und auch die Gesetzesbegründung nicht wirklich klarstellend ist. Vorgegeben ist lediglich, dass eine Kausalität für die Entstehung oder Verstärkung des Risikos einer Rechtsverletzung im eigenen Geschäftsbereich, bei einem unmittelbaren Zulieferer oder einem mittelbaren Zulieferer gesetzt worden sein muss.[115] Der Gesetzeszweck, Rechtsverstöße entlang der Wertschöpfungskette zu verhindern bzw. zu minimieren, kann bei einer engen Auslegung jedoch

---

113   BT-Drs. 19/28649, 41.

114   Grabosch/Schönfelder, AuR 2021, 488 (490). Für börsennotierte AG wurde mit dem Inkrafttreten des Gesetzes zur Stärkung der Finanzmarktintegrität (FISG) zudem nach § 91 Abs. 3 AktG (n.F.) explizit die gesetzliche Pflicht normiert, ein „wirksames internes Kontroll-System und Risikomanagementsystem" einzurichten, vgl. vertiefend: Dutzi/Schneider/Hasenau, DK 2021, 454 (457).

115   BT-Drs. 19/28649, 43.

nicht erreicht werden, sodass eine weite Auslegung des Zurechnungsbeitrages angezeigt ist. Wie in der Literatur ausgeführt, kann es bspw. für einen kausalen Beitrag sprechen, wenn ein Unternehmen über die Beschaffung in problematischen Regionen, in denen bereits zahlreiche Menschen- und Arbeitsrechtsverletzungen dokumentiert sind, die Produktion in diesen Ländern fördert. Dies könnte bspw. der Fall sein, wenn Geschäftsbeziehungen zu Unternehmen in Ländern unterhalten werden, in denen Gewerkschaften verboten sind.[116]

b) Interne Überwachung des Risikomanagements

Gem. § 4 Abs. 3 S. 1 LkSG ist eine interne Stelle zur Überwachung des Risikomanagements festzulegen, bspw. in Form einer/s Menschenrechtsbeauftragten. Der Gesetzgeber empfiehlt, diese Position unmittelbar der Geschäftsleitung zu unterstellen,[117] gibt aber nicht verbindlich vor, wo die Stelle anzusiedeln ist. In Frage kommen die Rechts-, Compliance-, Nachhaltigkeits- oder Personalabteilung, es könnte jedoch auch eine unabhängige Instanz geschaffen werden, bspw. unter Beteiligung des Betriebsrates (siehe unten S. 71 ff.). Nicht sinnvoll wäre es hingegen, die Stelle im Einkauf anzusiedeln, da insbesondere dessen Tätigkeiten zu überwachen sind und ein Interessenkonflikt naheliegt.[118] Da das Risikomanagement „angemessen" zu sein hat, ist eine gewisse Unabhängigkeit der/des Beauftragten notwendig, auch ist die Stelle mit Kompetenzen und Ressourcen auszustatten.[119] Es empfiehlt sich zur Erhöhung der Wirksamkeit, die einzelnen Geschäftsbereiche ebenfalls mit Ansprechpartner*innen festzulegen.[120] Die gesetzlich normierte Organisationspflicht verbleibt bei der Geschäftsleitung, diese ist verantwortlich für die Auswahl der geeigneten Person sowie die Ausstattung mit hinreichenden Kompetenzen und finanziellen Mitteln.[121] Aufgrund der Dokumentationspflicht des § 10 Abs. 1 ist eine Ressortaufteilung der Geschäftsleitung schriftlich festzulegen, bspw. in der Geschäftsordnung des Vorstands.[122]

c) Berücksichtigung der Interessen der Beschäftigten

§ 4 Abs. 4 LkSG gibt vor, dass bei der Errichtung und Umsetzung des Risikomanagements die Interessen der Beschäftigten angemessen zu berücksichtigen sind. Dies gilt nicht nur für die Interessen der eigenen Beschäftigten, sondern auch diejenigen entlang der Wertschöpfungskette. Auch die Interessen derje-

---

116 Grabosch/Schönfelder, AuR 12/2021, 488 (492).
117 BT-Drs. 19/28649, 43.
118 Wernecke, AuA 7/2022, 8 (10).
119 Spindler, ZHR 186 (2022), 67 (75); ebenfalls für die Bestellung einer/s Menschenrechtsbeauftragten, aber ohne Aussage zu den Kompetenzen: Frank/Edel/Heine/Heine, BB 2021, 2165 (2167). Zur Einordnung in das Compliance-System: Dutzi/Schneider/Hassenau, DK 2021, 454 (460).
120 BT-Drs. 19/28649, 43.
121 Grabosch/Schönfelder, AuR 2021, 488 (492 f.).
122 Grabosch-Grabosch, § 5 Rn. 42.

nigen, die in sonstiger Weise von dem wirtschaftlichen Handeln unmittelbar betroffen sein können, sind zu wahren. Hierunter können bspw. Anwohnende oder Nutzer*innen von Nachbargrundstücken fallen.[123] Abgestellt wird dabei nicht nur auf das eigene wirtschaftliche Handeln, sondern auch auf das von anderen Unternehmen entlang der gesamten Lieferkette. Nach Sinn und Zweck des Gesetzes, einen effektiven Menschenrechtsschutz zu gewährleisten, ist ein weiter Beschäftigtenbegriff zugrunde zu legen. Erfasst sind ausweislich der Gesetzesbegründung auch „Selbstständige, die einem Unternehmen zuliefern und informell Beschäftigte", bspw. Schwarzarbeiter*innen. Auch der Begriff der wirtschaftlichen Betätigung ist weit zu verstehen.[124]

Die Interessen der eigenen Beschäftigten können am wirksamsten über die Einbindung der Mitbestimmungsakteure gewahrt werden, mithin über die Beteiligung von Betriebs- oder Personalräten, Wirtschaftsausschüssen und arbeitnehmerseitigen Vertreter*innen im Aufsichtsrat, soweit vorhanden (siehe unten S. 57 ff.). Zwingende Mitbestimmungsrechte hat der Gesetzgeber jedoch nicht festgelegt, in der Gesetzesbegründung wird auf „Konsultationen" abgestellt. Abhängig von der Ausgestaltung im Einzelfall kann jedoch auch die Einführung und Ausgestaltung des Risikomanagements oder einzelner Teile davon, den Mitbestimmungsrechten aus dem Katalog des § 87 Abs. 1 BetrVG unterliegen,[125] gleiches gilt für das Beschwerderecht (näher hierzu siehe unten S. 74 ff.). Bei einem tarifgebundenen Unternehmen können auch Gewerkschaften in die Ausgestaltung des Risikomanagements eingebunden werden (siehe unten S. 84 ff.).

Inländische Gewerkschaften und Arbeitnehmervertretungen haben jedoch kein Mandat für im Ausland Beschäftigte und können deren Interessen daher nicht vertreten.[126] Der Gesetzgeber verweist auf Konsultationen mit legitimen Interessenvertretungen der direkt Betroffenen.[127] Da es – anders, als in Deutschland – außerhalb Europas nicht Betriebsräte, sondern ausschließlich Gewerkschaften sind, die nach der jeweiligen Rechtsordnung die Interessen der Beschäftigten vertreten, sind Konsultationen mit Gewerkschaften aus den entsprechenden Ländern des globalen Südens empfehlenswert, was unter Einbindung der globale Gewerkschaftsföderationen geschehen kann. In Bezug auf Risikoprävention entlang der Lieferketten innerhalb Europas wäre auf den Europäischen Betriebsrat (EBR) sowie die europäischen Gewerkschaftsföderationen zu verweisen (siehe unten S. 79 ff., 95).

---

123 BT-Drs. 19/28649, 44.
124 BT-Drs. 19/28649, 44.
125 Sagan/Schmidt, NZA-RR 6/2022, 281 (287).
126 Sagan/Schmidt, NZA-RR 6/2022, 281 (287).
127 BT-Drs. 19/28649, 44.

2. Risikoanalyse (§ 5 LkSG)

Bestandteil des Risikomanagements ist eine Risikoanalyse, mit der Risiken von Rechtsverletzungen identifiziert werden sollen. Üblicherweise werden dabei relevante Risiken im Unternehmen aufgedeckt und hinsichtlich ihrer Auftrittswahrscheinlichkeit sowie ihres Einflusses auf das Unternehmen bewertet.[128] Auf Basis der Analyse werden dann die Präventions- und Abhilfemaßnahmen festgelegt.[129] Die regelmäßige Risikoanalyse in Bezug auf die Lieferkette ist gem. § 5 Abs. 1 S. 1 LkSG nur für den eigenen Geschäftsbereich und für direkte Zulieferer durchzuführen. Sie muss sowohl Risiken in Deutschland also auch Risiken in der EU oder in Ländern des globalen Südens einbeziehen.[130] Ist eine direkte Zulieferbeziehung jedoch missbräuchlich ausgestaltet oder wurde ein Umgehungsgeschäft vorgenommen, um die Anforderungen an die Sorgfaltspflicht zu umgehen, so gelten mittelbare Zulieferer gem. § 5 Abs. 1 S. 2 als unmittelbare Zulieferer und unterfallen damit der regelmäßigen Risikoanalyse. Anzeichen dafür könnte ausweislich der Gesetzesbegründung sein, dass der zwischen dem Unternehmen und dem Zulieferer zwischengeschaltete Dritte „keiner nennenswerten eigenen Geschäftstätigkeit nachgeht oder keine auf Dauer angelegte Präsenz in Gestalt von Geschäftsräumen, Personal oder Ausrüstungsgegenständen unterhält".

Die Analyse steht gem. § 5 Abs. 1 LkSG unter einem Angemessenheitsvorbehalt, § 5 Abs. 2 bis 4 LkSG geben die Eckpunkte der Risikoanalyse vor:

– Ermittlung der Risiken und Priorisierung nach den in § 3 Abs. 2 formulierten Kriterien der Angemessenheit (Schwere des Risikos, Einflussmöglichkeiten und Verursachungsbeitrag)[131] (§ 5 Abs. 2).
– Interne Kommunikation der Ergebnisse an die maßgeblichen Entscheidungsträger*innen (§ 5 Abs. 3).
– Durchführung der Analyse mindestens einmal jährlich sowie anlassbezogen bei wesentlich veränderter/erweiterter Risikolage (§ 5 Abs. 4 S. 1).

a) Risikoermittlung und Risikobewertung (§ 5 Abs. 2 LkSG)

Der Prozess der Risikoanalyse nach dem LkSG bildet die Grundlage, um wirksame Präventions- und Abhilfemaßnahmen festzulegen.[132] Bei der Risikoermittlung geht es darum, einen Überblick über die eigenen Beschaffungspro-

---

128 Kirchner, Risikobewertung (2002), S. 39 f.; Romeike/Hager, Erfolgsfaktor-Risikomanagement (2020), S. 88 ff.; Steinhaus/Guttzeit, MB-Praxis Nr. 42 (2021), S. 13.
129 BT-Drs. 19/28649, 44.
130 Grabosch-Grabosch, § 5 Rn. 63.
131 Sagan/Schmidt, NZA-RR 6/2022, 281 (287).
132 BT-Drs. 19/28649, 44.

zesse zu gewinnen, d.h. die Struktur und Akteur*innen im eigenen Geschäftsbereich und bei unmittelbaren Zulieferern zu identifizieren. Hierzu gehört auch, die Personengruppen herauszuarbeiten, die von der Geschäftstätigkeit des Unternehmens oder der von direkten Zulieferern betroffen sein können. In der Gesetzesbegründung wird vorgeschlagen, dieses mittels Risikomapping „nach Geschäftsfeldern, Standorten, Produkten oder Herkunftsländern" durchzuführen. Anhand einer solchen Risikomatrix werden die durch Kernfragen identifizierten Risiken nach ihrem Gefährdungspotenzial kategorisiert.[133] Kontextabhängige Faktoren, wie die politischen Rahmenbedingungen oder vulnerable Personengruppen, sind in die Analyse einzubeziehen.

Ein solches Vorgehen entspricht der allgemeinen Compliance-Risikoanalyse, bei der Risiken insbesondere nach spezifischen Ländern, Branchen- und Transaktionen ermittelt werden. Evaluiert werden können im Zusammenhang mit Lieferketten auch Non-Compliance-Fälle aus der Vergangenheit und bislang ergriffene Schutzmaßnahmen. Neben einem Risikomapping werden üblicherweise Gespräche und Workshops mit Mitgliedern der Geschäftsleitung und Mitarbeitern durchgeführt, sodass sich die Compliance-Risiken „unter Heranziehung eines kombinierten Top-Down/Bottom-Up-Ansatzes" identifizieren lassen.[134] In der regelmäßigen Risikoanalyse sind im Übrigen Erkenntnisse aus dem Beschwerdeverfahren nach § 8 Abs. 1 LkSG zu berücksichtigen, gleiches gilt für etwaige Ergebnisse von Streitbeilegungsverfahren nach § 8 Abs. 1 Satz 4 LkSG (siehe unter B. VI., S. 29).[135]

Großunternehmen, die in den Anwendungsbereich des LkSG fallen, werden in der Regel bereits ein Compliance-Management-System (CMS) implementiert haben, das bspw. an dem Prüfstandard des Instituts der Wirtschaftsprüfer (IDW PS 980)[136] oder der ISO (ISO 19600)[137] orientiert ist.[138] Der Gesetzgeber stellt es in das Ermessen des Unternehmens, die „geeignete Methode der Informationsbeschaffung und Bewertung" in Bezug auf Risiken entlang der Lieferkette zu wählen, abhängig von „Risiko, Branche und Produktionsregion".[139] Unternehmensjurist*innen empfehlen die Integration der Due Diligence für die Wertschöpfungskette in das allgemeine Risiko- und Compliance-Manage-

---

133 Steinhaus/Guttzeit, MB-Praxis Nr. 42 (2021), S. 34.

134 Gehling/Ott/Lüneborg, CCZ 2021, 231 (234); zum „bottom-up" oder „top-down" Ansatz vgl. Zilles/ Deutsch, ZCG 4/2010, 180 ff.

135 BT-Drs. 19/28649, 45.

136 Grundsätze ordnungsmäßiger Prüfung von Compliance Management Systemen, weitere Informationen unter: https://www.idw.de/idw/verlautbarungen/idw-ps-980/43124 (11.11.2022).

137 ISO 19600 Compliance Management Systems – Guidelines, online: https://www.iso.org/ standard/62342.html (11.11.2022).

138 Grabosch-Grabosch, § 5, Rn. 23.

139 BT-Drs. 19/28649, 45.

mentsystem.[140] Bestehende Systeme, Schulungen und Prozesse sind jedoch an die Anforderungen der §§ 3 ff. anzupassen und zu erweitern, insbesondere da CMS auf die Risiken für das Unternehmen abstellen, nach dem LkSG aber die Rechte der Betroffenen, d.h. der Beschäftigten nebst der von Anwohner*innen zu beachten sind.[141] Neben den Abläufen, Compliance-Richtlinien, Verträgen und Risikoerfassungsdatenbanken sollte insbesondere das Berichtswesen an die Geschäftsleitung und den Prüfungsausschuss des Aufsichtsrats an die Vorgaben des LkSG angepasst werden.[142] Die Lieferkettenrisiken werden allerdings ganz überwiegend nicht effektiv nach Aktenlage in Deutschland ermittelt werden können.[143]

b) Effektivität der Risikoanalyse

(1) Compliance Management nicht ausreichend

Die bisherige Risikoanalyse der Unternehmen i.R.d. Compliance Managements einfach auszuweiten, ist in jedem Fall nicht ausreichend, um menschen- oder umweltrechtliche Risiken zu ermitteln, da Compliance auf die Identifizierung von Risiken wie Korruption, Geldwäsche, Kartell etc. ausgelegt und nicht für die Identifizierung menschen- und umweltrechtlicher Risiken qualifiziert ist.[144]

(2) Bisherige Erfahrungen mit Sozialaudits

Bereits seit geraumer Zeit verfügen Unternehmen mit langen Wertschöpfungsketten, bspw. aus dem Textil- und Bekleidungssektor, über ein Lieferkettenmanagement. Im Rahmen der durchgeführten Monitorings bzgl. der Einhaltung ihrer unternehmenseigenen Verhaltenskodizes wird neben Fabrikinspektionen auch die Buchhaltung der Zulieferfirmen ausgewertet. Ein solches Monitoring kann sowohl intern als auch extern von Dritten durchgeführt werden. Die Verfahren reichen vom üblichen Einsatz von Wirtschaftsprüfern bis hin zu mehrstufigen (Sozial-)Audits, in denen lange Checklisten abgearbeitet werden[145] und deren Konzepte im Laufe der Jahre immer ausgefeilter wurden.[146] Allerdings zeigen Untersuchungen, dass diese Überwachungsverfahren kaum

---

140 Gehling/Ott/Lüneborg, CCZ 2021, 230 (234).
141 Grabosch-Grabosch, § 5 Rn. 23 u. 26.
142 Gehling/Ott/Lüneborg, CCZ 2021, 231 (234).
143 IE wie hier: Grabosch-Grabosch, § 5 Rn. 54 f; Nietsch/Wiedmann, CCZ 2021, 101 (106 f.).
144 Gehling/Ott/Lüneborg, CCZ 2021, 231 (234); zur Einordnung in das Compliance-Managementsystem: Dutzi/Schneider/Hassenau, DK 2021, 454 ff.
145 Zimmer, Soziale Mindeststandards (2008), S. 205 ff., umfassend zum Monitoringprozess: Ascoly/ Zeldenrust (SOMO), Monitoring und Verifizierung (2003), Monitoring (S. 6).
146 Umfassend: Starmanns/Barthel/Mosel (2021), Sozialaudits, S. 36 ff.

zu einer substantiellen Verbesserung der Arbeitsbedingungen geführt haben,[147] was in erster Linie daran liegt, dass die Audits nicht wirklich unabhängig ausgeführt werden, auch die Methodik ist z.T. verbesserungswürdig. Die Sozialaudits werden unternehmensseitig in Auftrag gegeben und bezahlt, sodass eine ökonomische Abhängigkeit vom Auftraggeber besteht,[148] zudem sind die Fabrikinspektionen vor Ort i.d.R. angekündigt, was sowohl für die unternehmensinternen als auch die von externen Auditfirmen durchgeführten Inspektionen gilt. Die Ineffizienz klassischer unternehmensseitiger Audits lässt sich am deutlichsten anhand der „Katastrophen" verdeutlichen, die sich in den letzten Jahren in der Textil- und Bekleidungsproduktion des globalen Südens ereignet haben und die sämtlich vorhersehbar gewesen wären. Zu nennen wären bspw. das Feuer in der Ali Enterprises Fabrik in Pakistan 2012, bei dem mehr als 250 Arbeiter*innen zu Tode kamen, da Fenster und Türen verschlossen waren, oder der Fabrikbrand bei Tazreen in Bangladesch 2012, bei dem mehr als 112 Beschäftigte starben, sowie nicht zuletzt der Fabrikzusammenbruch von Rana Plaza 2013 in Bangladesch, bei dem 1.134 Arbeiter*innen starben und unzählige weitere verletzt wurden. Jede dieser Fabriken wurde einem Audit unterzogen und von mehreren Audit-Anbietern als sicher eingeordnet, darunter TÜV Rheinland, Bureau Veritas und RINA, die sich jeweils der klassischen Methodik bedienten, nach den Maßstäben führender Compliance-Initiativen, darunter Amfori BSCI 8[149] und Social Accountability International (SAI)[150]. Sowohl im Falle der Fabrik Ali Enterprise, als auch bei Rana Plaza hatten akkreditierte Auditor*innen die Räumlichkeiten noch wenige Wochen bzw. Monate zuvor als sicher eingeordnet, bei Ali Enterprise wurde das Monitoring von Auditor*innen durchgeführt, die nachweislich nie vor Ort gewesen waren.[151] Die Probleme der Überwachung eines Lieferkettenmanagements sind somit bereits seit geraumer Zeit bekannt. Zwar gehören zu einer effektiven Risikoanalyse auch Fabrikinspektionen, diese sollten jedoch nicht nach dem bekanntermaßen mangelhaften Muster durch kommerzielle Auditor*innen durchgeführt werden.

---

147 Anner, P&S 4/2012, S. 609 ff.; Brown, JOEH 8/2017, 130 ff.; CCC, Fig leaf for Fashion (2021), S. 6 ff.; Gordon (2017), S. 4 ff; LeBaron/Lister 2016, S. 3 ff.; Starmanns/Barthel/Mosel (2021), Sozialaudits, S. 13. Siehe zudem frühere Kritik: CCC, Quickfix (2005), insb. S. 57 ff., aber auch O`Rourke (2002), in: Jenkins/Pearson/Seyfang (Hrsg.), S. 196 ff.

148 Zimmer (2008), 210.

149 Siehe Amfori-BSCI- Systemhandbuch Anhang 8.

150 Vgl. https://sa-intl.org/ (10.08.2022).

151 CCC, Fig leaf for Fashion (2021), S. 6; vertiefend: Ali Enterprises Factory Fire Affectees Association (AEFFAA) et al. 2018, S. 11.

(3) Aspekte für eine empfehlenswerte Durchführung der Risikoanalyse

Die durch das Compliance-System entwickelten Elemente der Risikoanalyse können als Basis der Risikoanalyse der Lieferketten dienen. Eine Analyse nach Aktenlage kann das gesetzgeberische Ziel der Verbesserung der internationalen Menschenrechtslage[152] jedoch nicht erreichen, lassen sich die allermeisten Gefährdungslagen nicht vom Schreibtisch aus ermitteln. Dies gilt nicht nur für den Arbeitsschutz: Vor allem Rechtsverletzungen wie Diskriminierung Beschäftigter oder Behinderung der Arbeit von Gewerkschaften kann nur im direkten Gespräch mit Betroffenen und ihren Vertreter*innen ermittelt werden. Bestandteil sollten daher auch Fabrikinspektionen bei den Zulieferern vor Ort sein,[153] wobei die bisherigen Probleme der Wirksamkeit von Sozialaudits zu berücksichtigen sind. Da im Rahmen der Präventionsmaßnahmen gem. § 6 Abs. 5 LkSG ohnehin Inspektionen vor Ort zu tätigen sind, können diese problemlos bereits für die Risikoanalyse eingesetzt werden. Die Audits dürfen nicht angekündigt sein, sodass Produzenten Mängel nicht vorübergehend kaschieren und die Inspekteur*innen täuschen können. Darüber hinaus dürfen die Audits nicht zu kurz und zu oberflächlich sein, insbesondere sind Beschäftigte außerhalb der Fabrik zu befragen – wird dieses in Anwesenheit des Managements durchgeführt, besteht die Gefahr, dass Beschäftigte eingeschüchtert sind und Probleme nicht angeben. Vor allem aber sollten relevante lokale Gewerkschaften, Frauenorganisationen oder andere lokale NGOs konsultiert werden, die neben den Beschäftigten bspw. auch Anwohner*innen vertreten.[154] Von Bedeutung ist zudem, welche Parameter für die Risikoanalyse und die Audits zugrunde gelegt werden.[155] Diesbezüglich empfiehlt es sich, die Kriterien gemeinsam mit der betrieblichen Interessenvertretung und/oder den arbeitnehmerseitigen Vertreter*innen im Aufsichtsrat zu entwickeln (siehe unter E., S. 56 ff.). Die Risikoanalyse kann durch die im Rahmen der Umsetzung eines internationalen Rahmenabkommens gewonnenen Erkenntnisse sinnvoll ergänzt werden.[156]

Das Problem der direkten Beauftragung einer Auditfirma durch das transnationale Unternehmen kann durch die Zwischenschaltung von Multistakeholderinitiativen (MSI) gelöst werden, die sich aufgrund der vielfältigen Kritik in verschiedenen Sektoren gründeten. Diese Organisationen führen bislang Mo-

---

152 BT-Drs. 19/28649, S. 23.
153 Ähnlich auch die Gesetzesbegründung, BT-Drs. 19/28649, S. 45.
154 BT-Drs. 19/28649, S. 45; Nietsch/Wiedmann, CCZ 2021, 101 (106); Stiftung Arbeit und Umwelt der IG BCE (2019), Verantwortung in Liefer- und Wertschöpfungsketten: Globale Rahmenvereinbarungen, S. 7.
155 Vgl. umfassend zu wirksamen Maßnahmen: ECCHR/Brot für die Welt/Misereor (2021), S. 25–39.
156 Stiftung Arbeit und Umwelt der IG BCE (2019), Verantwortung in Liefer- und Wertschöpfungsketten: Globale Rahmenvereinbarungen, S. 7.

nitoring von Verhaltenskodizes durch und zeichnen sich dadurch aus, dass die relevanten Interessensgruppen (Gewerkschaften und NGOs) in dem gesamten System der Organisation angemessen repräsentiert sind, dies gilt insbesondere für das höchste Entscheidungsgremium.[157] Die Audits werden nach den o.g. Kriterien durchgeführt und sind eingebettet in ein umfassenderes System der Verbesserung, das auch Trainings mit einschließt; vorbildlich im Textil- und Bekleidungssektor ist bspw. die Fair Wear Foundation.[158]

Eine weitere Möglichkeit besteht darin, Mitbestimmungsakteure wie bspw. den Wirtschaftsausschuss, den Gesamt- bzw. Konzernbetriebsrat (GBR bzw. KBR), den europäischen Betriebsrat (EBR), soweit vorhanden, den Welt-KBR oder globale Gewerkschaftsföderationen in den Prozess der Risikoanalyse einzubinden (siehe unten S. 56 ff.). So sehen bspw. internationale Rahmenabkommen (IFAs), die von globalen Gewerkschaftsföderationen (GUFs) mit transnationalen Unternehmen oder Konzernen abgeschlossen wurden, i.d.R. ein Monitoringkomitee vor, das oftmals auch selbst Fabrikinspektionen durchführt und zudem über lokale Mitgliedsgewerkschaften von Rechtsverstößen erfährt (siehe unter F. II., S. 86).

c) Anlassbezogene Risikoanalyse bei veränderter Risikolage (§ 5 Abs. 4 LkSG)

Zusätzlich zur regulären jährlichen Risikoanalyse ist nach § 5 Abs. 4 S. 1 LkSG eine anlassbezogene Risikoanalyse durchzuführen, die bei wesentlichen Änderungen zu tätigen ist. Eine solche wesentliche Änderung liegt vor, wenn das Unternehmen mit einer veränderten oder erweiterten Risikolage in der Lieferkette rechnen muss, bspw. vor Aufnahme einer neuen Geschäftsbeziehung oder einer neuen Geschäftätigkeit, etwa durch Eintritt in einen neuen Markt oder Einführung eines neuen Produktes.[159] Die anlassbezogene Risikoanalyse aufgrund wesentlicher Änderungen der Risikolage oder bei substantiierter Kenntnis von Risiken (i.S.v. § 9 Abs. 3) ist auch in Bezug auf mittelbare Zulieferer durchzuführen (vgl. S. 49).[160]

3. Maßgebliche Entscheidungsträger (§ 5 Abs. 3 LkSG)

Die maßgeblichen Entscheidungsträger dürfen die Ergebnisse der Risikoanalyse nicht ignorieren, sondern müsse diese in ihren Entscheidungen berücksichtigen.[161] Der Gesetzgeber zählt den „Vorstand" oder die „Einkaufsabteilung"

---

157 Umfassende Einführung zum Monitoring durch MSI: Zimmer (2008), S. 211.
158 Https://www.fairwear.org/programmes/audits (10.08.2022).
159 BT-Drs. 19/28649, S. 45.
160 Grabosch-Grabosch, § 5 Rn. 9 und 56.
161 Nietsch/Wiedmann, CCZ 2021, 101 (107).

zu den Entscheidungsträger*innen, welche über die Ergebnisse der Risikoanalyse zu informieren sind (§ 5 Abs. 3 LkSG), hat diese Stellen allerdings nur beispielhaft aufgeführt. Von der sachlichen Nähe her dürfte auch Compliance in Frage kommen. Da dem Aufsichtsrat die Kontrolle der Arbeit der Geschäftsführung obliegt (§ 111 Abs. 1 AktG), dieser folglich die Maßnahmen des Risikomanagements und der Compliance überwacht, zählen auch die (arbeitnehmerseitigen) Mitglieder des Aufsichtsrats bzw. des zuständigen Prüfungsausschusses (siehe unten S. 56 ff.) zu den nach § 5 Abs. 3 über die Ergebnisse der Risikoanalyse zu informierenden Entscheidungsträger*innen.

§ 4 Abs. 4 LkSG gibt vor, dass die Interessen der Beschäftigten bei der Errichtung und Umsetzung des Risikomanagements zu berücksichtigen sind. Folglich dürften auch die Gremien der betrieblichen Arbeitnehmervertreter*innen in Deutschland zum Kreis der nach § 5 Abs. 3 zu informierenden Entscheidungsträger*innen zählen. Die maßgeblichen Entscheidungsträger dürfen die Ergebnisse der Risikoanalyse nicht ignorieren, sondern müssen diese in ihren Entscheidungen berücksichtigen.[162]

4. Präventionsmaßnahmen (§ 6 LkSG)

Das Ergebnis der Risikoanalyse nach dem LkSG bildet die Grundlage, um wirksame Präventionsmaßnahmen festzulegen.[163] Wird ein Risiko identifiziert, sind gem. § 6 Abs. 1 LkSG unverzüglich angemessene Präventionsmaßnahmen für den eigenen Geschäftsbereich (§ 6 Abs. 3) und gegenüber unmittelbaren Zulieferern (§ 6 Abs. 4) zu ergreifen. Die Maßnahmen haben folglich „ohne schuldhaftes Zögern" i.S.v. § 121 Abs. 1 S. 1 BGB zu erfolgen, also sofort nach Feststellung des Risikos. § 6 Abs. 5 gibt vor, dass die Wirksamkeit der Präventionsmaßnahmen einmal jährlich sowie anlassbezogen zu überprüfen ist.

a) Präventionsmaßnahmen im eigenen Geschäftsbereich (§ 6 Abs. 3 LkSG)

Die Menschenrechtsstrategie ist im eigenen Geschäftsbereich in den „relevanten Geschäftsabläufen" umzusetzen (§ 6 Abs. 3 Nr. 1 LkSG), hierfür sind interne und externe Verhaltensvorschriften bzw. Richtlinien in den für das Risikomanagement relevanten Bereichen zu entwickeln.[164] Enthalten diese verbindliche Anweisungen für die Beschäftigten, so können Mitbestimmungsrechte des Betriebsrates nach § 87 Abs. 1 Nr. 1 BetrVG berührt werden (siehe unten S. 71 ff.).[165] Ins-

---

162 Nietsch/Wiedmann, CCZ 2021, 101 (107).
163 BT-Drs. 19/28649, 44.
164 BT-Drs. 19/28649, 46.
165 Grabosch-Grabosch, § 5 Rn. 84; Sagan/Schmidt, NZA-RR 6/2022, 281 (288); zur MB bei Ethikrichtlinien, vgl. Kock, ZIP 2009, 1406; Wisskirchen/Jordan/Bissels, DB 2005, 2190.

besondere ist die Menschenrechtsstrategie in den Beschaffungsprozesses zu integrieren (Nr. 2), dieser ist risikominimierend zu gestalten. Dieser Punkt ist besonders wichtig, da die Festlegung von Lieferzeiten und Einkaufspreisen sowie die Dauer der Vertragsbeziehung der Verletzung von Arbeitsrechten Vorschub leisten kann.[166] Sind die Lieferzeiten bspw. extrem kurz gehalten, werden Überstunden beim Produzenten anfallen. Als Ausnahme ist dies unproblematisch, sind die Lieferzeiten aber durchgängig zu kurz bemessen, kommt es zum dauerhaften Ableisten von Überstunden, wie in der globalen Produktion teilweise dokumentiert,[167] mit dem Risiko der Verletzung von Arbeitsschutzbestimmungen. Darüber hinaus sind die Mitarbeiter*innen der „relevanten Geschäftsbereiche" zu schulen (Nr. 3). Hierzu gehört bspw. Personal im Einkauf, das in die Lage versetzt werden muss, die verankerten Standards im Tagesgeschäft anzuwenden und mögliche Arbeitsrechtsverletzungen, bspw. aufgrund zu kurzer Lieferfristen, zu erkennen.[168] Ferner sind „risikobasierte Kontrollmaßnahmen" durchzuführen (Nr. 4), hier verzahnt sich die Risikoanalyse mit der Prävention.

Zu den Präventionsmaßnahmen nach § 6 LkSG zählt im eigenen Geschäftsbereich gem. Abs. 2 auch eine Grundsatzerklärung, die von der Unternehmensleitung über ihre Menschenrechtsstrategie abzugeben ist und in der über die Verfahren und die festgestellten Risiken berichtet wird. § 6 Abs. 2 S. 2 gibt hierfür einen Mindestumfang vor, den die Grundsatzerklärung beinhalten muss: Verfahrensanweisung (Nr. 1), Priorisierung der menschen- und umweltrechtlichen Risiken (Nr. 2) sowie die Festlegung von Erwartungen an Beschäftigte und Zulieferer (Nr. 3), letzteres erinnert an Verhaltenskodizes oder Ethikrichtlinien transnationaler Unternehmen.[169] Der Gesetzgeber hat in der Tat vorgesehen, dass die Grundsatzerklärung als „Grundlage für die Entwicklung interner sowie externer Verhaltenskodizes oder Verhaltensrichtlinien dienen" kann.[170] Die Erklärung ist öffentlich zu machen und den eigenen Beschäftigten sowie den Zulieferern (§ 6 Abs. 2 Nr. 3), aber auch der Öffentlichkeit zu kommunizieren.[171] Unternehmen werden hiermit zur Transparenz verpflichtet, auch über ihre Beschaffung.[172] Gibt es einen Wirtschaftsausschuss, so ist dieser nach § 106 Abs. 3 Nr. 5 b) BetrVG über die Grundsatzerklärung zu infor-

---

166 BT-Drs. 19/28649, 47.
167 Siu, P&O, 4/2017, S. 533 (540 ff.); Teipen/Mehl, WSI-Mitteilungen 1/2021, 12 (16); siehe auch Ausführungen des Textilbündnisses: https://www.textilbuendnis.com/themen/sektorrisiken/arbeitszeiten/ (12.08.2022).
168 BT-Drs. 19/28649, 47.
169 Dutzi/Schneider/Hasenau, DK 11/2021, 454 (457).
170 BT-Drs. 19/28649, 46.
171 BT-Drs. 19/28649, 46; Nietsch/Wiedmann, CCZ 2021, 101 (107).
172 Dutzi/Schneider/Hasenau, DK 11/2021, 454 (457); Grabosch-Grabosch, § 5 Rn. 81; Nietsch/Wiedmann, CCZ 2021, 101 (107).

mieren (siehe S. 61 ff.).[173] Auch eine Kommunikation gegenüber dem Gesamt-betriebsrat als Vertreter der Beschäftigten kommt in Frage (siehe unten S. 69 ff.).[174] Mit der Verpflichtung zur Kommunikation greift der Gesetzgeber die bereits seit geraumer Zeit geführte Debatte über eine Offenlegung der Wertschöpfungskette auf. Gleichfalls sind die Mitglieder des Aufsichtsrats bzw. des Prüfungsausschusses über die Grundsatzerklärung zu informieren.

b) Präventionsmaßnahmen gegenüber unmittelbaren Zulieferern (§ 6 Abs. 4 LkSG)

§ 6 Abs. 4 LkSG verpflichtet dazu, auch gegenüber unmittelbaren Zulieferern angemessene präventive Maßnahmen durchzuführen. So ist gem. Nr. 1 bereits bei der Auswahl des Vertragspartners zu berücksichtigen, ob dieser die relevan-ten Menschen- und Umweltrechtsstandards entlang seiner Wertschöpfungs-kette einhalten kann. Dieses ist zudem in die Beschaffungs- oder Dienstleis-tungsverträge aufzunehmen (Nr. 2), die mit entsprechenden angemessenen vertraglichen Kontrollmechanismen versehen sein müssen (Nr. 4), wobei es möglich sein muss, die Anforderungen auch nach Vertragsabschluss zu än-dern, wenn die Ergebnisse der Risikoanalyse dieses nahelegen.[175] § 6 Abs. 4 Nr. 3 verpflichtet zudem dazu, das Personal direkter Zulieferer zu schulen und weiterzubilden. Untersuchungen haben gezeigt, dass dieses von besonderer Be-deutung ist, um die Einhaltung zentraler Arbeitsrechte zu erreichen.[176] Nur wenn dem lokalen Management klar ist, welche Rechte bspw. eine Gewerk-schaft hat, können entsprechende Rechte auch eingehalten werden. Hier ver-zahnen sich Präventions- und Abhilfemaßnahmen, was auch für die Verpflich-tung zur Durchführung von Kontrollen bei den direkten Zulieferern nach Nr. 4 gilt. Diese können ausweislich der Gesetzesbegründung sowohl durch ei-gene Fabrikinspektionen als auch über Dritte realisiert werden, die das Unter-nehmen mit Audits beauftragt.[177] Aufgrund der Notwendigkeit präventiver Maßnahmen bei unmittelbaren Zulieferern nach § 6 Abs. 4 können Audits, die Fabrikinspektionen beinhalten, auch bereits für die Risikoanalyse eingesetzt werden. Kontrollen, die so ausgestaltet sind, dass Mängel nicht aufgefunden werden, können jedoch dem Angemessenheitsvorbehalt nicht gerecht zu wer-den. Insoweit ist auf die Ausführungen zu einer angemessenen Risikoanalyse zu verweisen (siehe oben S. 31 sowie 36 ff.). Die gesetzlichen Verpflichtungen nach dem LkSG können nicht auf eingesetzte Dritte verlagert werden.[178]

---

173 Sagan/Schmidt, NZA-RR 6/2022, 281 (288).
174 Dieses zieht auch die Gesetzesbegründung in Erwägung, vgl. BT-Drs. 19/28649, 46.
175 BT-Drs. 19/28649, 47.
176 Zimmer (2021), Das indonesische FoA-Protocol, S. 5, 22,
177 BT-Drs. 19/28649, 48.
178 BT-Drs. 19/28649, 48.

5. Abhilfemaßnahmen (§ 7 LkSG)

Wird eine Verletzung der erfassten Menschen- oder Umweltrechte im eigenen Geschäftsbereich bzw. bei einem unmittelbaren Zulieferer festgestellt oder steht eine solche unmittelbar bevor, so sind gem. § 7 Abs. 1 S. 1 LkSG unverzüglich angemessene Abhilfemaßnahmen zu ergreifen. Diese sollen Rechtsverstöße im besten Fall verhindern oder beenden, im ungünstigsten Fall zumindest den Schaden der Betroffenen verringern. Ein Katalog möglicher Abhilfemaßnahmen sollte bereits aus der Risikoanalyse entwickelt worden sein.[179] Abhilfe bedeutet jedoch nicht nur das Verhindern einer Rechtsverletzung oder die Wiederherstellung des ursprünglichen Zustands, sondern kann auch finanzielle Kompensation für den erlittenen Schaden umfassen. Ggfs. kann Abhilfe auch durch eine Entschuldigung erfolgen, durch eine nicht-finanzielle Wiedergutmachung oder eine Rehabilitation, z.T. werden auch präventive Maßnahmen als mögliche Formen der Abhilfe gefasst.[180]

Um angemessen zu sein,[181] müssen Abhilfemaßnahmen im eigenen Geschäftsbereich im Inland gem. § 7 Abs. 1 S. 2 in jedem Fall zu einer Beendigung der Verletzung führen, im Ausland sowie innerhalb des Konzerns „muss die Abhilfemaßnahme i.d.R. zur Beendigung der Verletzung führen."

Sollte die Rechtsverletzung bei einem unmittelbaren Zulieferer nicht in absehbarer Zeit zu beheben sein, so sieht § 7 Abs. 2 den folgenden Maßnahmenkatalog vor: Gem. Nr. 1 ist gemeinsam mit dem Zuliefererunternehmen ein Abhilfeplan zu erarbeiten, mittels Brancheninitiativen kann auch mit anderen Unternehmen kooperiert werden (Nr. 2). Während der Umsetzung des Abhilfeplanes können die Geschäftsbeziehungen vorübergehend ausgesetzt werden (Nr. 3), wobei der endgültige Abbruch der Geschäftsbeziehungen das letzte Mittel sein sollte, die Hilfestellung zu Beseitigung des Rechtsverstoßes hat Vorrang, § 7 Abs. 3 Nr. 1–3. Auch die Wirksamkeit der Abhilfemaßnahmen ist jährlich sowie anlassbezogen zu überprüfen, Informationen, die mittels Beschwerdeverfahren gewonnen wurden, sind zu berücksichtigen (Abs. 4). Es empfiehlt sich, die Überprüfung sowie etwaige Anpassungsmaßnahmen zu dokumentieren.

---

179 Dutzi/Schneider/Hasenau, DK 11/2021, 454 (458).
180 Wenzel/Dorn, ZKM 2/2020, 50 (52).
181 BT-Drs. 19/28649, 48.

6. Beschwerdeverfahren (§ 8 LkSG)

Die Sorgfaltspflichten umfassen gem. § 8 LkSG darüber hinaus die Einrichtung eines Beschwerdeverfahrens, das wie die anderen Pflichten des LkSG ebenfalls „angemessen" zu sein hat (§ 8 Abs. 1).[182] Das Verfahren ist von großer praktischer Bedeutung für die Aufdeckung von Risiken oder Rechtsverletzungen, kann doch ein gut funktionierendes Beschwerdeverfahren als Frühwarnsystem dienen.[183] Der Gesetzgeber hat einerseits ein klassisches Beschwerdeverfahren vorgesehen, das nach allgemeinem Rechtsverständnis bei eigener Beschwer eingeschaltet wird, gemischt allerdings mit einem Hinweisgebersystem.[184] Hinweisgeber haben eine Eingangsbestätigung zu erhalten (§ 8 Abs. 1 S. 3) und einen Anspruch darauf, dass der Sachverhalt mit ihnen erörtert wird. Eine Überschneidung mit der Whistleblower Richtlinie 2019/1937/EU[185] (WBRL) ist aufgrund der unterschiedlichen Zielsetzungen der Normen nur sehr punktuell gegeben, bspw. bei Hinweisen über Verstöße gegen das Verbot der Ausfuhr gefährlicher Abfälle.[186]

Unternehmen haben nach der Konzeption des Gesetzgebers die Wahl, ob sie ein internes oder externes Beschwerdesystem aufbauen wollen (§ 8 Abs. 1 S. 1 i.V.m. S. 6). Unternehmensübergreifende Systeme können bspw. von einem Branchenverband angeboten werden[187] oder auch von einer Multistakeholderinitiative, wie bei der vorgestellten Fair Wear Foundation für den Textil- und Bekleidungssektor.[188] Denkbar wäre auch ein Beschwerdesystem, das für verschiedene Unternehmen, die in einem bestimmten Land Zulieferer oder andere Vertragspartner haben, mit einem globalen Gewerkschaftsverband vereinbart wird, wie bspw. im Bangladesh Accord[189] (siehe S. 93). Die Ergebnisse eines Forschungsprojektes der Universität Viadrina legen nahe, dass unternehmensübergreifende Beschwerdesysteme effektiver sind als unternehmensinterne. Das Hauptargument stützt sich darauf, dass einzelne Unternehmen

---

182 BAFA, Beschwerdeverfahren organisieren, umsetzen und evaluieren, 2022, https://www.bafa.de/
SharedDocs/Downloads/DE/Lieferketten/handreichung_beschwerdeverfahren.pdf?__
blob=publicationFile&v=3.

183 Gläßer/Pfeiffer/Schmitz/Bond (2021), ZKM 6/2021, 228 f.

184 Beim Whistleblowing wird ein Missstand aufgedeckt, ohne dass der/die Hinweisgeber*in selbst nachteilig betroffen sein müsste, vgl. Sagan, ZIP 2022, 1419.

185 Richtlinie (EU) 2019/1937 des Europäischen Parlaments und des Rates vom 23. Oktober 2019 zum Schutz von Personen, die Verstöße gegen das Unionsrecht melden, OJ L 305, 26.11.2019, S. 17–56.

186 Vgl. Art. 2 Abs. 1 lit. a) RL 2019/1937/EU i.V.m. Abschnitt 1 Anhang I mit § 2 Abs. 3 Nr. 7 LkSG, vertiefend: Sagan, ZIP 2022, 1419 f. Stemberg weist auf die Möglichkeit hin, dass der Gesetzgeber bei der Umsetzung der Whistleblower-RL Unklarheiten bzgl. der Überschneidungen ausräumt, CCZ 2022, 92 (93).

187 BT-Drs. 19/28649, S. 49.

188 Vgl. https://www.fairwear.org/programmes/complaints-helplines (15.08.2022).

189 Zum Bangladesh Accord, vertiefend: Saage-Maaß/Korn, Vom Accord lernen?, 2021; Zimmer, Unternehmensverantwortung im »Bangladesh-Accord« (2016) sowie Zimmer, IOLR 2020, 178 (197 ff.).

bei unternehmensübergreifenden Beschwerdesystemen keinen so starken Einfluss auf den Umgang mit der Beschwerde ausüben können. Hinzu kommen deutliche Effizienzgewinne durch Institutionalisierung, insbesondere bei der Implementierung des Mechanismus und der Professionalisierung des Personals. Auch die Qualitätssicherung sowie die gemeinsam finanzierten Aus- und Fortbildungen bewirken eine größere Wirksamkeit des Beschwerdesystems, zudem scheinen Abhilfe- und Präventionsmaßnahmen gegenüber Zulieferbetrieben aufgrund des kollektiven Anreizsystems mehrerer Unternehmen besser durchsetzbar zu sein. Insgesamt kommt es zu einer Bündelung von Ressourcen,[190] unternehmensübergreifende Beschwerdesysteme dürften somit sogar weniger kostenintensiv sein als In-House-Beschwerdeverfahren.

Denkbar ist auch, dass ein externer Anbieter das Beschwerdesystem für das Unternehmen betreibt, wie es bspw. in einem internationalen Rahmenabkommen (IFA) zwischen dem globalen Gewerkschaftsverband IndustriAll und ThyssenKrupp 2015 vereinbart wurde. Ein solcher Anbieter befindet sich aufgrund des Dienstleistungsvertrages zwar auch in einer gewissen Beziehung zum Auftraggeber, agiert aber letztlich selbstständig und unabhängig,[191] insbesondere, wenn ein paritätisch besetztes Aufsichtsgremium involviert ist, in dem auch Arbeitnehmervertreter*innen einen Sitz haben, wie bei einem IFA in der Regel der Fall (siehe unten, S. 87 ff.).

Der Gesetzgeber gibt in § 8 Abs. 2–4 LkSG grundlegende Anforderungen für das Verfahren vor, das „für potenzielle Beteiligte zugänglich" zu sein hat, zudem ist „die Vertraulichkeit der Identität" sowie ein wirksamer „Schutz vor Benachteiligung oder Bestrafung aufgrund einer Beschwerde" zu gewährleisten. Gem. § 8 Abs. 2 ist eine Verfahrensordnung schriftlich festzulegen, die öffentlich zugänglich sein muss, bspw. über die Website des Unternehmens.[192] Ausweislich der Gesetzesbegründung sollen damit ein vorhersehbarer zeitlicher „Rahmen für jede Verfahrensstufe sowie klare Aussagen zu den verfügbaren Arten von Abläufen festgelegt" werden.[193] Da nicht nur Externe, sondern auch Beschäftigte des Unternehmens als Hinweisgeber in Frage kommen, ist der Betriebsrat, soweit vorhanden, nach § 87 Abs. 1 Nr. 1 BetrVG an der Erarbeitung der Verfahrensordnung zwingend zu beteiligen (siehe genauer unter S. 74 ff.). Die Wirksamkeit des Beschwerdeverfahrens ist gem. § 8 Abs. 5 S. 1 jährlich sowie anlassbezogen zu überprüfen. Es empfiehlt sich, dieses sowie etwaige Anpassungsmaßnahmen zu dokumentieren.

---

190   Gläßer/Pfeiffer/Schmitz/Bond (2021), ZKM 6/2021, 228 (229).
191   Dutzi/Schneider/Hasenau, DK 11/2021, 454 (458).
192   BT-Drs. 19/28649, S. 50.
193   BT-Drs. 19/28649, S. 49.

a) Beschwerdebefugnis auch für Betriebsräte und Gewerkschaften (§ 8 Abs. 1 S. 2)

Zwar gibt § 8 Abs. 1 S. 2 LkSG vor, dass das Verfahren menschen- und umweltrechtliche Risiken oder Verletzungen durch das wirtschaftliche Handeln des Unternehmens selbst oder eines unmittelbaren Zulieferers aufdecken soll, allerdings muss das Beschwerdeverfahren gem. § 9 Abs. 1 auch ermöglichen, auf Risiken oder Rechtsverstöße bei mittelbaren Zulieferern hinzuweisen.[194] Es ist daher nur folgerichtig, dass die Beschwerdebefugnis nicht auf Mitarbeiter*innen des Unternehmens begrenzt ist, auch externe „Personen" (§ 8 Abs. 1 S. 2) können eine Beschwerde einreichen, eine persönliche Betroffenheit ist nicht erforderlich.[195] Damit können über die Betriebsöffentlichkeit hinaus Gewerkschaften, Betriebsräte, NGOs und Einzelpersonen weltweit Informationen zu vorhandenen oder befürchteten Rechtsverstößen über das zu schaffende Beschwerdeverfahren einbringen.

b) Beschwerdebeauftragte (§ 8 Abs. 3 LkSG)

Beschwerdebeauftragte müssen gem. § 8 Abs. 3 S. 1 LkSG unparteiisch und unabhängig sein, sie dürfen keinen unternehmensseitigen Weisungen unterliegen. Diese Vorgaben werden durch ein externes Beschwerdesystem unproblematisch erfüllt, weshalb zum Teil vertreten wird, nur ein externes System sei zulässig.[196] Ein solches ist zwar vorzugswürdig, zeigen doch Untersuchungen, dass externe Beschwerdesysteme effektiver sind.[197] Der Gesetzgeber stellt es Unternehmen jedoch ausdrücklich frei, ob ein internes oder externes System aufgebaut wird, vgl. § 8 Abs. 1 S. 1 und 5. Maßgeblich ist, dass die Beschwerdebeauftragte/n, tatsächlich unabhängig und weisungsfrei sind, was nicht zwingend an eine außerbetriebliche Instanz gekoppelt ist. So gilt bspw. für Mitglieder des Betriebsrates (sowie weiterer Gremien) gem. § 15 Abs. 1 KSchG i.V.m. § 103 BetrVG ein Sonderkündigungsschutz, gleiches gilt für Datenschutzbeauftragte von Unternehmen,[198] § 38 i.V.m. § 6 Abs. 4 BDSG. Auch Vertrauenspersonen schwerbehinderter Beschäftigter und Mitglieder der betriebs- und verwaltungsübergreifenden Schwerbehindertenvertretungen verfügen nach § 179 Abs. 3 SGB IX über einen vergleichbaren Sonderkündigungsschutz. Mitglieder dieser Gremien dürfen zudem wegen der Erfüllung ihrer Aufgaben nicht benachteiligt werden, vgl. § 78 S. 2 BetrVG, § 38 Abs. 3 S. 2 DS-GVO, § 179 Abs. 2 SGB IX. Ein solcher Schutz ist für eine Vielzahl weiterer betrieblicher Arbeits- und Umweltschutzbeauftragter sowie sonstiger Beauftragter

---

194 Vertiefend: Stemberg, CCZ, 2022, 92.
195 Sagan, ZIP 2022, 1419 (1427).
196 Sagan, ZIP 2022, 1419 (1420).
197 Gläßer/Pfeiffer/Schmitz/Bond (2021), ZKM 6/2021, 228 (229); Wenzel/Dorn, ZKM 2020, 50 (52).
198 Datenschutzbeauftragte nichtöffentlicher Stellen.

normiert,[199] diese Schutznormen lassen sich als Begrenzung des arbeitgeberseitigen Direktionsrechtes verstehen.[200] Ohne einen solchen Schutz besteht jedoch keine Weisungsunabhängigkeit und die Arbeit kann nicht unabhängig ausgeführt werden. Da der Gesetzgeber keinen vergleichbaren Schutz für den/die Beschwerdebeauftragte/n nach dem LkSG normiert hat, erfüllt nach jetzigem Stand folglich nur ein externes Beschwerdesystem das in § 8 Abs. 3 S. 1 normierte Erfordernis der Unabhängigkeit.[201]

Eine zwingende Beteiligung des Betriebsrates nach § 87 Abs. 1 Nr. 1 BetrVG dürfte nach der Rechtsprechung des BAG zur Beschwerdestelle nach dem AGG bzgl. personeller Besetzung und Ort der Beschwerdestelle nicht bestehen[202] (vgl. unten S. 76).

c) Zugänglichkeit und Transparenz (§ 8 Abs. 4 LkSG)

Das Verfahren muss gem. § 8 Abs. 4 S. 2 LkSG „für potenzielle Beteiligte zugänglich" sein, „klare und verständliche Informationen zur Erreichbarkeit und Zuständigkeit sowie zum Prozedere sind in geeigneter Weise (…) öffentlich zugänglich zu machen" (§ 8 Abs. 4 S. 1). In Frage kommt die Möglichkeit des Einreichens einer Beschwerde mittels E-Mail, Internet und Telefon,[203] hierüber ist zudem auf der Website des Unternehmens barrierefrei zu informieren.[204] Eine telefonische Möglichkeit der Beschwerde ist neben Onlineangeboten wichtig, da es einen nicht unerheblichen Prozentsatz an Analphabet*innen gibt, die nicht von der Beschwerdemöglichkeit ausgeschlossen werden dürfen.[205] Wichtig ist darüber hinaus, dass das Beschwerdeverfahren transparent ausgestaltet ist, was sich ebenfalls aus § 8 Abs. 4 ableiten lässt. Die Hinweisgeber*innen „sollten regelmäßig darüber informiert werden, wie mit ihren Informationen verfahren wird, um Vertrauen in die Wirksamkeit zu bilden".[206] Zur Transparenz trägt ferner die Veröffentlichung von Statistiken und Fallbeispielen bei,[207] auch die Offenlegung der Wertschöpfungskette gehört dazu.[208]

---

199 Siehe umfassende Auflistung weiterer Benachteiligungsverbote für Arbeitnehmervertreter*innen sowie Arbeits-, Umweltschutz- und sonstige Beauftragte, Zimmer in: Däubler/Beck (Hrsg.), § 2 AGG Rn. 273 ff.
200 Grabosch-Grabosch, § 5 Rn. 128; Kotulla, NuR 2020, 16 (21).
201 IE ebenso: Dutzi/Schneider/Hasenau, DK 11/2021, 454 (458); Sagan, ZIP 2022, 1419 (1420).
202 BAG 21.07.2009 – 1 ABR 42/08, NZA 2009, 1049.
203 Grabosch-Grabosch, § 5 Rn. 127; Gehling/Ott/Lüneborg CCZ, 2021, 230 (238); wohl ebenfalls Lüneborg DB 2022, 375 (380); Nietsch/Wiedmann CCZ, 2021, 101 (108); Stemberg, CCZ 2022, 92 (95).
204 BT-Drs. 19/28649, S. 50; Nietsch/Wiedmann, CCZ 2021, 101 (108); Stemberg, CCZ 2022, 92 (94).
205 Stemberg, CCZ 2022, 92 (95).
206 BT-Drs. 19/28649, S. 49.
207 Wenzel/Dorn, ZKM 2020, 50 (52).
208 Gläßer/Pfeiffer/Schmitz/Bond, ZKM 2021, 228 (230).

Da der Gesetzestext es dezidiert vorgibt, die Informationen über das Beschwerdesystem „in geeigneter Weise" öffentlich zugänglich zu machen, ist es auch notwendig, dass hierüber nicht lediglich auf Englisch auf der Website informiert wird. Bereits in Süd- oder Mittel- und Osteuropa sprechen Beschäftigte nicht in ausreichendem Maße Englisch. Insbesondere aber in den „Produktionsländern" des globalen Südens verfügen die Beschäftigten nicht über ausreichend Fremdsprachenkenntnisse, Informationen über ein Beschwerdesystem auf der Website, die nur auf Englisch vorhanden sind, können nicht als „verständlich" eingeordnet werden und erfüllen den Willen des Gesetzgebers daher nicht „in geeigneter Weise", was auch ein Hinweis auf online verfügbare Übersetzungsprogramme nicht heilen kann, wenn dieser auf Englisch erfolgt und somit nicht verstanden werden kann.[209] Das zu schaffende Beschwerdesystem muss angemessen, aber auch effektiv sein. Unternehmen müssen daher den Örtlichkeiten ihrer Wertschöpfungskette Rechnung tragen und die Informationen zum Beschwerdesystem in den jeweiligen Landessprachen zur Verfügung stellen.[210]

d) Vertraulichkeit und Schutz vor Benachteiligung

Gem. § 8 Abs. 4 S. 2 Var. 1 LkSG ist „die Vertraulichkeit der Identität" der Beschwerdesteller*innen zu wahren, zudem ist der/die Beschwerdebeauftragte zur Verschwiegenheit verpflichtet (§ 8 Abs. 3 S. 2). Ein solcher Identitätsschutz ist ein wichtiger Bestandteil des Benachteiligungsschutzes, der gem. § 8 Abs. 4 S. 2 Var. 2 zu gewährleisten ist. Zudem wird sichergestellt, dass eingelegten Beschwerden unabhängig von der konkreten Person nachgegangen wird.[211]

Der Gesetzestext gibt keine weiteren Hinweise darauf, was unter „Vertraulichkeit der Identität" zu verstehen ist. Aufgrund von Ähnlichkeiten bei Wortlaut und Zielsetzung in Bezug auf den Schutz von Whistleblower*innen, kann die Auslegung in Anlehnung an Art. 16 Abs. 1 S. 1 WBRL erfolgen,[212] wonach die Identität der/s Hinweisgeber*in ohne ausdrückliche Zustimmung nicht weitergegeben werden darf. Hier zeigt sich sehr deutlich, die Wichtigkeit der Unabhängigkeit der Beschwerdebeauftragten, die ggfs. auch gegen unternehmensseitigen Druck zur Offenlegung der Identität der/des Beschwerdeführers resistent sein muss. Vertraulichkeit ist nicht identisch mit Anonymität, wonach ein/e Hinweisgeber*in die Identität zu keinem Zeitpunkt offenlegen muss. Der Gesetzgeber verlangt lediglich Vertraulichkeit, es wäre jedoch möglich, das System so zu gestalten, dass auch anonyme Meldungen möglich sind.

---

209 So aber Sagan, ZIP 2022, 1419 (1424); offener: Dutzi/Schneider/Hasenau, DK 11/2021, 454 (458); Stemberg, CCZ 2022, 92 (94).
210 Ähnlich wie hier: Stemberg, CCZ 2022, 92 (94).
211 Stemberg, CCZ 2022, 92 (96).
212 Stemberg, CCZ 2022, 92 (96).

Das wäre sinnvoll, da einige Hinweisgeber*innen die Mitteilung erfahrungsgemäß aus Angst vor Repressionen lieber anonym tätigen wollen.[213]

7.   Dokumentations- und Berichtspflicht (§§ 10 und 12 LkSG)

Die Erfüllung der Sorgfaltspflichten ist fortlaufend unternehmensintern zu dokumentieren, die Informationen sind mindestens 7 Jahre aufzubewahren (§ 10 Abs. 1 LkSG). Hinzu kommt gem. § 10 Abs. 2 eine jährliche Berichterstattung über die Implementierung der Sorgfaltspflichten, die spätestens 4 Monate nach Ende des Geschäftsjahres auf der Website zu veröffentlichen und für 7 Jahre kostenfrei vorzuhalten ist. Dieser Bericht muss darüber informieren, ob bzw. welche Risiken oder Rechtsverletzungen das Unternehmen identifiziert hat (Nr. 1), zudem ist über die weiteren Maßnahmen des Unternehmens zu informieren (Nr. 2), hierzu zählen auch Maßnahmen, die aufgrund von Beschwerden getätigt wurden. Das Unternehmen muss zudem die Wirksamkeit der Maßnahmen und seine Schlussfolgerungen bewerten (Nr. 3 und 4). Bei dem Bericht besteht bei unscharfen Kriterien die Gefahr der Schönfärberei, wie aus den CSR-Debatten hinlänglich bekannt.[214]

8.   Risikomanagement bei mittelbaren Zulieferern (§ 9 LkSG)

Bei mittelbaren Zulieferern greifen die Sorgfaltspflichten nur bei substantiierter Kenntnis, d.h. wenn dem Unternehmen „tatsächliche Anhaltspunkte" dafür vorliegen, dass die „Verletzung einer menschenrechtsbezogenen oder umweltbezogenen Pflicht bei mittelbaren Zulieferern möglich" erscheint (§ 9 Abs. 3 LkSG). Das ist gem. § 5 Abs. 4 der Fall, wenn das Unternehmen mit einer wesentlichen Änderung der Risikolage rechnen muss, bspw. aufgrund „der Einführung neuer Produkte, Projekte oder eines neuen Geschäftsfeldes".[215] In diesem Fall sind eine anlassbezogene Risikoanalyse sowie angemessene Präventionsmaßnahmen durchzuführen. Der Richtlinienentwurf der EU geht in Bezug auf Risiken oder Rechtsverstöße bei mittelbaren Zulieferern deutlich weiter, die normierten Verpflichtungen umfassen alle etablierten Geschäftsbeziehungen („established business relationships"), vgl. Art. 1 Abs. 1 und Art. 6 Abs. 1 RL-Entwurf.

---

213   Frank/Edel/Heine/Heine, BB 2021, 2165 (2168); Grabosch-Grabosch, § 2 Rn. 113.
214   Vertiefend zu CSR: Zimmer, Will Corporate Social Responsibility Help to Improve Working Conditions? (2012), S. 280 ff.
215   Siehe vertiefend: Stemberg, NZG 2022, 1093 ff.

Übersicht: Erfüllung der Sorgfaltspflichten

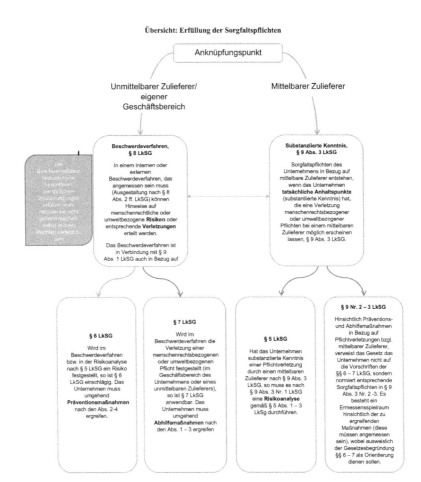

Anknüpfungspunkt

Unmittelbarer Zulieferer/ eigener Geschäftsbereich

Mittelbarer Zulieferer

Beschwerdeverfahren, § 8 LkSG

In einem internen oder externen Beschwerdeverfahren, das angemessen sein muss (Ausgestaltung nach § 8 Abs. 2 ff. LkSG) können Hinweise auf menschenrechtliche oder umweltbezogene **Risiken** oder entsprechende **Verletzungen** erteilt werden.

Das Beschwerdeverfahren ist in Verbindung mit § 9 Abs 1 LkSG auch in Bezug auf

Substanziierte Kenntnis, § 9 Abs. 3 LkSG

Sorgfaltspflichten des Unternehmens in Bezug auf mittelbare Zulieferer entstehen, wenn das Unternehmen **tatsächliche Anhaltspunkte** (substantiierte Kenntnis) hat, die eine Verletzung menschenrechtsbezogener oder umweltbezogener Pflichten bei einem mittelbaren Zulieferer möglich erscheinen lassen, § 9 Abs. 3 LkSG.

Die Beschwerdeführer müssen keine besonderen persönlichen Voraussetzungen erfüllen, insb. müssen sie nicht geltend machen selbst in ihren Rechten verletzt zu sein.

§ 6 LkSG

Wird im Beschwerdeverfahren bzw. in der Risikoanalyse nach § 5 LkSG ein Risiko festgestellt, so ist § 6 LkSG einschlägig. Das Unternehmen muss umgehend **Präventionsmaßnahmen** nach den Abs. 2-4 ergreifen.

§ 7 LkSG

Wird im Beschwerdeverfahren die Verletzung einer menschenrechtsbezogenen oder umweltbezogenen Pflicht festgestellt (im Geschäftsbereich des Unternehmens oder eines unmittelbaren Zulieferers), so ist § 7 LkSG anwendbar. Das Unternehmen muss umgehend **Abhilfemaßnahmen** nach den Abs. 1 – 3 ergreifen

§ 5 LkSG

Hat das Unternehmen substanzierte Kenntnis einer Pflichtverletzung durch einen mittelbaren Zulieferer nach § 9 Abs. 3 LkSG, so muss es nach § 9 Abs. 3 Nr. 1 LkSG eine **Risikoanalyse** gemäß § 5 Abs. 1 – 3 LkSg durchführen.

§ 9 Nr. 2 – 3 LkSG

Hinsichtlich Präventions- und Abhilfemaßnahmen in Bezug auf Pflichtverletzungen bzgl. mittelbarer Zulieferer, verweist das Gesetz das Unternehmen nicht auf die Vorschriften der §§ 6 – 7 LkSG, sondern normiert entsprechende Sorgfaltspflichten in § 9 Abs. 3 Nr. 2 -3. Es besteht ein Ermessensspielraum hinsichtlich der zu ergreifenden Maßnahmen (diese müssen angemessen sein), wobei ausweislich der Gesetzesbegründung §§ 6 – 7 als Orientierung dienen sollen.

C. Überwachung

Die Durchsetzung und Überwachung des LkSG ist öffentlich-rechtlich ausgestaltet und entspricht von ihrer Struktur her der landesrechtlichen Gefahrenabwehr.[216] Zuständige Behörde für die behördliche Kontrolle ist gem. § 19 Abs. 1 S. 1 LkSG das Bundesamt für Wirtschaft- und Ausfuhrkontrolle (BAFA), welches dem Bundesministerium für Wirtschaft und Energie nachgeordnet ist. Dem BAFA sind die jährlichen Sorgfaltsberichte i.S.v. § 10 Abs. 2 einzureichen, welche von diesem gesichtet und bewertet werden (§ 13 Abs. 1). Die Behörde hat zudem umfassende Kompetenzen und kann Betriebsstätten betreten (§ 16), Personal befragen (§ 17), Maßnahmen anordnen etc. Im Unterschied zur Zollverwaltung[217] wird das BAFA auch auf Antrag tätig (§ 14 Abs. 1 Nr. 2), sofern der/die Antragsteller*in substantiiert geltend macht, in einer geschützten Rechtsposition verletzt zu sein bzw. eine solche Verletzung als unmittelbar bevorsteht.[218] Antragsbefugt sind ausweislich der Gesetzesbegründung auch freiberuflich oder in Schwarzarbeit Tätige.[219] Bei mangelnder Umsetzung der Bestimmungen des LkSG kann folglich auch das BAFA informiert werden, was auch durch die betriebliche Interessenvertretung oder durch Gewerkschaftsvertreter*innen geschehen kann. Da die Antragsbefugnis nach § 14 Abs. 1 Nr. 2 LkSG allerdings eine (drohende) Verletzung eigener Rechte voraussetzt, greift bei Hinweisgeber*innen, die nicht selbst betroffen sind, § 14 Abs. 1 Nr. 1 LkSG. Hiernach steht es im Ermessen der Behörde, ob sie tätig wird. Das Ermessen dürfte sich bei einem Hinweis, der sich nicht nur auf die Möglichkeit einer Rechtsverletzung, sondern auf einen konkreten Rechtsverstoß bezieht, jedoch auf Null reduziert sein.

Die Behörde ist kein zahnloser Tiger, da nach § 24 bei Verstößen gegen das LkSG Bußgelder in erheblicher Höhe erlassen werden können. Bei rein formalen Verstößen können bis zu 100.000 € angesetzt werden, bei Verstößen gegen wichtige Pflichten bis zu 500.000 €, bei Verstößen gegen besonders wichtige Pflichten bis zu 800.000 € (vgl. § 24). Allerdings erhöhen sich diese Summen bei Kapitalgesellschaften und Personenvereinigungen auf bis zu 5 Mio. € bzw. bis zu 8 Mio. € (§ 24 Abs. 2 S. 2), womit die unter das LkSG fallenden Unternehmen überwiegend erfasst sein dürften.[220] Verstöße gegen die Errichtung eines angemessenen Beschwerdeverfahrens könnten bspw. vom BAFA gem. § 24 Abs. 1 Nr. 8, Abs. 2 S. 1 und 2, Abs. 3 bis zum Höchstmaß von 8 Mio. € oder

---

216 Sagan/Schmidt, NZA-RR 6/2022, 281 (282); Stöbener de Mora/Noll, NZG 2021, 1237 (1240).
217 Die Zollverwaltung wird allein nach pflichtgemäßen Ermessen tätig.
218 Edel/Frank/Heine/Heine, BB 2021, 2890 (2894).
219 BT-Drs. 19/28649, S. 54.
220 Grabosch/Schönfelder, AuR 12/2021, 488 (493).

2 % des Jahresumsatzes geahndet werden. Unternehmen, gegen die eine Geldbuße von mindestens 175.000 € verhängt wurde, können darüber hinaus gem. § 22 bis zu drei Jahren von der öffentlichen Vergabe ausgeschlossen werden.

D. Wiedergutmachung bei Rechtsverletzungen

Betroffene können sich im Falle von Rechtsverstößen gem. § 3 Abs. 3 S. 1 LkSG bei der Geltendmachung von Schadensersatzansprüchen nicht auf Normen des LkSG stützen, da eine zivilrechtliche Haftung dezidiert ausgeschlossen ist. Vielmehr wird auf bereits bestehende zivilrechtliche Anspruchsgrundlagen verwiesen (§ 3 Abs. 2 S. 2). Darüber hinaus wird empfohlen, „zur Vermeidung von Reputationsrisiken oder mit dem Ziel der Wiedergutmachung" zusätzlich zum Beschwerdeverfahren ein Verfahren zur einvernehmlichen Streitbeilegung anzubieten.[221]

Der Ausschluss der deliktischen Haftung ist unverständlich und nur mit politischen Kompromissen erklärbar, würde doch damit das Ziel des Gesetzgebers am effektivsten erreicht werden. Eine deliktische Haftung könnte aber über den Brüsseler Umweg eingeführt werden, da der RL-Entwurf der EU – im Unterschied zum deutschen LkSG – auch Bestimmungen über eine deliktische Haftung von Unternehmen enthält. Hätte eine Rechtsverletzung (Schädigung) durch pflichtgemäße Erfüllung der Präventions- und Abhilfepflichten vermieden werden können, so sieht Art. 22 Abs. 1 des RL-Entwurfes eine unternehmerische Haftung auf Schadensersatz vor.[222]

I. Recht des Schadensortes

Die bereits bestehenden zivilrechtlichen Anspruchsgrundlagen führen selten zum Erfolg, da bei diesen Schadensersatzklagen nach Art. 4 Abs. 1 der Rom II-VO[223] grundsätzlich das Recht des Schadensortes anzuwenden ist.[224] Bei einer Schadensersatzklage gegen ein deutsches Unternehmen vor einem deutschen Gericht wäre somit bspw. pakistanisches Recht anzuwenden, wie bei der Klage gegen KiK nach dem Feuer in der Textilfabrik Ali Enterprise in Karatschi der

---

221 BT-Drs. 19/28649, 49.
222 Vertiefend: Grabosch, AuR 6/2022, 244 (246); Hübner/Habrich/Weller, NZG 2022, 644 (648 f.).
223 Verordnung (EG) Nr. 864/2007 des Europäischen Parlaments und des Rates vom 11. Juli 2007.
224 Vertiefend: BMJV (2019), Menschenrechtsverletzungen im Verantwortungsbereich von Wirtschaftsunternehmen: Zugang zu Recht und Gerichten, S. 11 ff. sowie Grabosch, Rechtsschutz vor deutschen Zivilgerichten gegen Beeinträchtigungen von Menschenrechten durch transnationale Unternehmen (2013), S. 69 (83 ff.).

Fall.[225] Allerdings wird auch im Deliktsrecht anderer Länder auf Verschulden abzustellen sein und es werden sich auslegungsbedürftige unbestimmte Rechtsnormen finden, die ein Pendant zur deutschen Verkehrssicherungspflicht darstellen. Ein Heranziehen der Sorgfaltspflichten nach dem LkSG zur Auslegung der (Verkehrs-)Sicherungspflicht wird zwar z.T. unter Verweis auf Sinn und Zweck von § 3 Abs. 3 S. 1 LkSG abgelehnt, wobei von den Autor*innen dabei auf das deutsche Recht abgestellt wird (§ 823 Abs. 1 BGB),[226] das zumeist nicht zur Anwendung kommen dürfte. Da es sich bei Sorgfaltspflichten um Sicherheits- und Verhaltensregeln i.S.v. Art. 17 Rom II-VO handelt, werden die Gerichte bei der Auslegung der ausländischen Anspruchsgrundlagen das LkSG bei der Rechtsauslegung zu berücksichtigen haben.[227]

II. Gesetzliche Prozessstandschaft (§ 11 LkSG)

Eine Prozessführung im Ausland wird den Betroffenen zumeist jedoch bereits organisatorisch und finanziell kaum möglich sein, daher hat der Gesetzgeber mit § 11 LkSG eine besondere Prozessstandschaft für inländische Gewerkschaften und NGOs vorgesehen. Diese können von Betroffenen somit zur Prozessführung in Deutschland ermächtigt werden (§ 11 Abs. 1 S. 2). Dies setzt voraus, dass die Gewerkschaft oder NGO nicht nur „eine auf Dauer angelegte eigene Präsenz unterhält", sondern sich gemäß ihrer Satzung zudem „nicht gewerbsmäßig und nicht nur vorübergehend dafür einsetzt, die Menschenrechte oder entsprechende Rechte im nationalen Recht (...) zu realisieren". Hierbei handelt es sich um eine Prozessführung kraft gesetzlicher Ermächtigung. Diese bezieht sich gem. § 11 Abs. 1 LkSG auf die „überragend wichtigen Rechtsposition aus § 2 Abs. 1", folglich kann lediglich die Verletzung von Menschenrechten geltend gemacht werden, für Umweltrechtsverletzungen ist keine besondere Prozessstandschaft vorgesehen.[228] Bei einer Prozessstandschaft macht der/die Prozessstandschafter*in das Recht des Bevollmächtigenden zwar im eigenen Namen geltend, der Schadensersatz ist jedoch an den/die Geschädigte (als Rechtsinhaber*in) zu leisten.

---

225 Saage-Maaß (2021), Legal Interventions and Transnational Alliances in the Ali Enterprises Case. in: Saage-Maaß/Zumbansen/Bader/Shahab (Hrsg.), Transnational Legal Activism in Global Value Chains. The Ali Enterprises Factory Fire and the Struggle for Justice, S. 25 ff.

226 Sagan/Schmidt, NZA-RR 6/2022, 281 (283).

227 Grabosch/Schönfelder, AuR 12/2021, 488 (493); Grabosch (2013), S. 69 (88); Schmidt-Räntsch, ZUR 2021, 387 (394); ähnlich: Joseph, Corporations and transnational Human Rights Litigation (2004), S. 4–6 und 11–12; unentschieden: Hübner/Habrich/Weller, NZG 2022, 644 (648).

228 Grabosch-Engel, § 7 Rn. 4.

Voraussetzung für die Ausübung der Prozessstandschaft ist eine wirksame Ermächtigung durch den/die Geschädigte.[229] Die klageführende NGO oder Gewerkschaft ist als Prozessstandschafterin Partei des Rechtsstreits, die geschädigte Person gilt im Prozess als Dritte/r und kann Zeug*in sein.[230] Ohne eine solche Bestimmung greift nur die gewillkürte Prozessstandschaft, bei der die Befugnis zur Prozessführung in eigenem Namen kraft Rechtsgeschäft übertragen wird, wobei ein schutzwürdiges Eigeninteresse des Ermächtigten an der Prozessführung im eigenen Namen nachzuweisen ist.[231] Hierbei kann es sich um ein rechtliches Interesse handeln, seit geraumer Zeit erkennt die Rechtsprechung auch wirtschaftliches Eigeninteresse an,[232] was allerdings bei der Verletzung von Arbeitsrechten einer Arbeiterin aus Bangladesch bspw. in Bezug auf eine gewillkürte Prozessstandschaft einer Gewerkschaft nicht gegeben wäre. Diese Voraussetzung entfällt jedoch durch § 11 LkSG, da das eigene, schutzwürdige Interesse des Prozessstandschafters an der Prozessführung nunmehr gesetzlich verankert ist.[233]

---

229 BT-Drs. 19/28649, S. 51.
230 Musielak/Voigt, § 51 ZPO Rn. 24.
231 Musielak/Voigt, § 51 ZPO Rn. 27.
232 BGH 31.07.2008 – I ZR 21/06, BeckRS 2008, 21196; BGH 19.09.1995 – VI ZR 166/94, NJW 1995, 3186; BGH 03.12.1987 – 7 ZR 374/86, BGHZ 102, 293; OLG Hamm 03.03.1989 – V ZR 212/86, NJW 1989, 463.
233 Grabosch-Engel, § 7 Rn. 3; Wagner, ZIP 2021, 1095 (1101).

E. Einbindung der Mitbestimmungsakteure

Der Gesetzgeber hat eine Einbindung der deutschen Mitbestimmungsakteure in die Umsetzung der Verpflichtungen des LkSG explizit nur sehr punktuell vorgesehen, ausdrücklich genannt wird lediglich der Wirtschaftsausschuss. Doch auch die Vertreter*innen der Arbeitnehmerseite im Aufsichtsrat und Betriebsräte können eine zentrale Rolle bei der Umsetzung des LkSG spielen. Da der Gesetzgeber in § 4 Abs. 4 vorgegeben hat, dass bei der Errichtung und Umsetzung des Risikomanagements die Interessen (auch) der eigenen Beschäftigten angemessen zu berücksichtigen sind (siehe oben S. 33 f.), kann eine Beteiligung der Mitbestimmungsakteure auch im arbeitgeberseitigen Interesse liegen, da damit dem gesetzlichen Erfordernis Rechnung getragen wird. Der Gesetzgeber hat allerdings nicht vorgegeben, welches Gremium in welchem Ausmaß zu beteiligen ist.

I. Arbeitnehmervertreter*innen im Aufsichtsrat

Dem Aufsichtsrat obliegt die Kontrolle der Arbeit der Geschäftsführung (§ 111 Abs. 1 AktG). Mit Inkrafttreten des LkSG hat der Aufsichtsrat auch darüber zu wachen, dass die Pflichten des neuen Gesetzes eingehalten werden. Die Mitglieder des Aufsichtsrates sind auch bislang bereits verpflichtet, Maßnahmen des Risikomanagements (RMS) und der Compliance (CMS) zu überwachen, hierbei sind vom 01.01.2023 an auch Maßnahmen zur Umsetzung des LkSG zu berücksichtigen. Mit der Umsetzung der CSR-Richtlinie 2014/95/EU[234] 2017 ins deutsche Recht[235] wurde für bestimmte Unternehmen bereits die Berichterstattung über Risiken eingeführt, die sich auf Umwelt- und Menschenrechte sowie die Bekämpfung von Korruption beziehen,[236] was ebenfalls vom Aufsichtsrat zu überwachen und von diesem wie der Jahresabschluss zu prüfen

---

234 Richtlinie 2014/95/EU des Europäischen Parlaments und des Rates vom 22. Oktober 2014 über die Angabe nichtfinanzieller und die Diversität betreffender Informationen durch bestimmte große Unternehmen und Gruppen; vertiefend zur RL: Ahern, ECFR 4/2016, 599 ff.

235 Gesetz zur Stärkung der nichtfinanziellen Berichterstattung der Unternehmen in ihren Lage- und Konzernlageberichten (CSR-Richtlinie-Umsetzungsgesetz) vom 11. April 2017, BGBl. 2017 I Nr. 20, S. 802 ff.

236 Siehe vertiefend: Prangenberg/Tritsch/Beile/Vitols (2020), Nichtfinanzielle Berichterstattung – Prüfung durch den Aufsichtsrat, Arbeitshilfen für Aufsichtsräte Nr. 20.

ist.[237] Damit ist die Thematik der unternehmerischen Verantwortung bereits bislang Bestandteil des Aufgabenpaketes von Aufsichtsratsmitgliedern, was nun mit dem LkSG vertieft wird. Diese Pflicht zur Berichterstattung und ihr Anwendungsbereich der betroffenen Unternehmen werden in Zukunft voraussichtlich mit der vor der Verabschiedung stehenden CSRD-Richtlinie noch erweitert.[238] Da unternehmensseitige Verstöße gegen die Pflichten des LkSG mit empfindlichen Bußgeldern geahndet werden können (ggfs. mehrere Hundert Millionen Euro hoch, vgl. unter C., S. 51), nimmt jedoch die Bedeutung der Kontrolle durch den Aufsichtsrat mit Inkrafttreten des LkSG exponentiell zu. Bei Verletzung entsprechender Sorgfaltspflichten in diesem Zusammenhang können auch Haftungsfolgen für Aufsichtsratsmitglieder entstehen.

In börsennotierten Unternehmen ist ein Prüfungsausschuss zu bilden, der sich mit der Überwachung des Risikomanagements befasst (§ 107 Abs. 3 S. 2, Abs. 4 S. 1, 2 AktG) und der in mitbestimmten Unternehmen auch mit Arbeitnehmervertretern zu besetzen ist. Die Gesamtverantwortung verbleibt jedoch beim Aufsichtsratsplenum. Unternehmensjurist*innen empfehlen, neben dem Berichtswesen an die Geschäftsleitung auch das an den Aufsichtsrat bzw. dessen Prüfungsausschuss an die Vorgaben des LkSG anzupassen.[239] Falls kein solcher Ausschuss existiert, ist der Aufsichtsrat selbst in der Pflicht, das Risikomanagement zu überwachen.

1. Allgemeine Aspekte zu Überwachung von Risikomanagement und Risikoanalyse durch den Aufsichtsrat

Risikomanagement und Risikoanalyse gehören zwar zu den Aufgaben des Managements, es obliegt nicht den Arbeitnehmervertreter*innen im Aufsichtsrat, diese Prozesse selbstständig durchzuführen. Dennoch ist zu empfehlen, sich mit der Thematik vertraut zu machen und sich kritisch mit dem Thema auseinanderzusetzen,[240] um eine effektive Überwachung des Risikomanagements zu erreichen, denn die Überwachung des Risikomanagementsystems ist Aufgabe des Aufsichtsrats (§ 107 Abs. 3 S. 2 AktG). Dieses hat in Bezug auf Lieferketten gem. § 4 Abs. 1 LkSG „angemessen" und „wirksam", mithin effektiv zu sein. Es empfiehlt sich daher, zu versuchen, bereits Einfluss auf die Kriterien der Risikoanalyse zu nehmen oder diese zumindest intensiv zu prüfen. Voraussetzung für eine wirksame Risikoanalyse ist das Herstellen von Transparenz

---

237 Prangenberg/Tritsch/Beile/Vitols (2020), Nichtfinanzielle Berichterstattung – Prüfung durch den Aufsichtsrat, Arbeitshilfen für Aufsichtsräte Nr. 20, S. 14 ff.
238 Prangenberg/Tritsch/Beile/Vitols (2020), Nichtfinanzielle Berichterstattung – Prüfung durch den Aufsichtsrat, Arbeitshilfen für Aufsichtsräte Nr. 20, S. 14 ff.
239 Gehling/Ott/Lüneborg, CCZ 2021, 231 (234), ähnlich auch Göpfert/Burkard, NZA 2022, 452 (453).
240 Steinhaus/Guttzeit, MB-Praxis Nr. 42 (2021), S. 13.

über die Wertschöpfungskette, was bedeutet, die Länder aufzulisten, in denen das Unternehmen Dependancen oder Vertragspartner hat, ebenso sind die Länder zu identifizieren, in denen sich mittelbare Zulieferer bzw. mittelbare Vertragspartner von Dienstleistungen befinden. Bereits hierüber lassen sich einige Risiken ausfindig machen, so ist das Risiko der Verletzung von Gewerkschaftsrechten in einigen Ländern sehr hoch. Als Indikator hierfür kann der Index des Internationalen Gewerkschaftsbundes dienen.[241] In streng islamischen Ländern bspw. besteht ein höheres Risiko der Diskriminierung von Frauen. Auch werden einige Sektoren als besonders gefährdet eingeordnet, bspw. der Bergbau in Bezug auf Arbeits- und Gesundheitsschutz, aber auch der Textil- und Bekleidungssektor.

Die Identifizierung potenzieller Risiken, deren Bewertung sowie die Steuerung von Präventions- und ggfs. Abhilfemaßnahmen sind für Aufsichtsratsmitglieder kein leichtes Unterfangen, sind diese doch häufig im Aufsichtsrat des Konzernes und erhalten die Unterlagen zum Risikomanagement und zur Compliance dementsprechend für den gesamten Konzern. Die Informationen über die Prozesse und die Ergebnisse des Risikomanagements der einzelnen Unternehmen liegen den Aufsichtsratsmitgliedern eines konzernweiten Aufsichtsrates dann meist nur in aggregierter Form vor. Da die Risiken in Bezug auf die Wertschöpfungskette aber von Unternehmen zu Unternehmen sehr unterschiedlich ausgestaltet sein können, abhängig vom konkreten zu fertigenden Produkt oder der konkreten Dienstleistung der dementsprechend involvierten Unternehmen und Länder, ist eine effektive Risikoanalyse nur auf Unternehmensebene durchzuführen. Insoweit ist beim Aufsichtsrat einer Konzernmutter die Vernetzung der arbeitnehmerseitigen Mitglieder mit den übrigen Konzernaufsichtsräten, den Wirtschaftsausschüssen und den GBRs der einzelnen Unternehmen – im Rahmen der gesetzlichen Pflicht zur Verschwiegenheit (§ 116 S. 2 AktG) – von großer Bedeutung, um diese auf mögliche Probleme hinzuweisen, vor allem aber auch, um von diesen Informationen über Probleme beim Risikomanagement sowie bei den Präventions- und Abhilfemaßnahmen innerhalb der einzelnen Unternehmen zu bekommen. Dies hilft den Interessenvertreter*innen insbesondere, die vorgelegten Berichte besser zu verstehen. Gleiches gilt für das Beschwerdemanagement, auf das gesondert eingegangen wird, da dieses (mindestens teilweise) in den Bereich der zwingenden Mitbestimmung fällt (s.u. S. 74 ff).

Im Aufsichtsrat haben Arbeitnehmervertreter regelmäßig genauere Kenntnisse über die Abläufe im Unternehmen und verfügen insoweit über einen Informationsvorsprung gegenüber den betrieblichen Mitbestimmungsakteuren. Dabei

---

241 Https://www.ituc-csi.org/violations-workers-rights-seven-year-high?lang=en (24.08.2022).

haben Aufsichtsratsmitglieder die Pflicht zur Verschwiegenheit zu beachten. Diese bezieht sich allerdings nur auf Tatsachen, die nur einem eng begrenzten Personenkreis bekannt und mithin nicht offenkundig sind,[242] wobei die Geheimhaltung im objektiven Unternehmensinteresse sein muss.[243] Was bereits anderweitig bekannt ist, kann folglich nicht der Verschwiegenheit unterfallen. So ist bspw. die Grundsatzerklärung über die Menschenrechtsstrategie des Unternehmens nach § 6 Abs. 2 LkSG (s.o., S. 41 f.) öffentlich zu machen. Diese enthält Informationen zu Verfahrensanweisungen (Nr. 1), Priorisierung der menschen- und umweltrechtlichen Risiken (Nr. 2) sowie die Festlegung von Erwartungen an Beschäftigte und Zulieferer (Nr. 3). Diese Themen können nicht der Verschwiegenheitspflicht unterliegen, gleiches gilt für die nach § 10 Abs. 2 LkSG erforderliche Berichterstattung über die Implementierung der Sorgfaltspflicht (s.o., S. 49). Fraglich ist, wie es mit Details über aktuelle Probleme beim Risikomanagement aussieht. In Teilen wird diese Information in die genannte Berichterstattung einfließen und somit sogar der Öffentlichkeit zugänglich gemacht werden. Informationen aus Risikoanalyse oder Beschwerdemanagement könnten der Geheimhaltung unterliegen, wenn sich aus ihnen ein großes Reputationsrisiko ergeben könnte. Das wäre aber wohl nur bei der Gefahr eines Skandales gegeben, da der drohende Schaden von erheblichem Gewicht sein muss.[244] Unterlagen dürfen in jedem Fall nicht weitergegeben werden, sondern die Information müsste aufbereitet und sozusagen „generalisiert" werden. Die Geheimhaltungsproblematik erübrigt sich, wenn Mitglieder des Wirtschaftsausschusses oder des Gesamt- bzw. Konzernbetriebsrates ein Aufsichtsratsmandat innehaben und über den Aufsichtsrat an Informationen gelangen, die sie zur vertieften Fragestellung im Wirtschaftsausschuss oder in einem Betriebsratsgremium befähigen.

Gegebenenfalls sollte versucht werden, bereits Einfluss auf die Faktoren der Risikoanalyse zu nehmen, mithin auf die zu erstellenden Kernfragen (s.o., S. 41 f.) sowie auf die internen und externen Verhaltensvorschriften bzw. Richtlinien für die Menschenrechtsstrategie, welche gem. § 6 Abs. 3 Nr. 1 LkSG in den für das Risikomanagement relevanten Bereichen zu entwickeln sind,[245] wobei diese der zwingenden Mitbestimmung des Betriebsrates unterliegen, sodass sich eine Verzahnung mit dem zuständigen Betriebsratsgremium empfiehlt. Sinnvoll wäre es ferner, die Kriterien für das Erstellen des jährli-

---

242 Köstler, Verschwiegenheitspflicht (2010), S. 9; Spindler, beck-online Großkommentar, § 116 AktG Rn. 118.

243 BGH 05.06.1975 – II ZR 156/73, BGHZ 64, 325 (329); BGH 26.03.1997 – III ZR 307/95, NJW 1997, 1985 (1987); Köstler, Verschwiegenheitspflicht (2010), S. 10; Meincke, WM 1998, 749 (750); Säcker, FS Fischer, 1979, 635 (638); Nagel, BB 1979, 1799 (1802); Spindler, beck-online Großkommentar, § 116 AktG Rn. 118.

244 Köstler, Verschwiegenheitspflicht (2010), S. 10.

245 BT-Drs. 19/28649, 46.

chen externen Berichts (§ 10 Abs. 2 S. 1 LkSG) zu beeinflussen. Sind diese zu schwammig, besteht die Gefahr, dass der Bericht wenig mehr als schöne Worte und heiße Luft enthält, wie aus der CSR-Berichterstattung bekannt.[246] Zu prüfen ist auch, ob die gesetzlich in § 6 Abs. 2 S. 2 festgelegten Kriterien der für den eigenen Geschäftsbereich zu erstellenden Grundsatzerklärung über die Menschenrechtsstrategie des Unternehmens eingehalten wurden, in der über die Verfahren und die festgestellten Risiken zu berichten ist. Die Grundsatzerklärung muss mindestens die folgenden Punkte beinhalten:

- Sie muss eine Verfahrensanweisung beinhalten (Nr. 1);
- die festgestellten menschen- und umweltrechtlichen Risiken priorisieren (Nr. 2);
- Erwartungen an Beschäftigte und Zulieferer festlegen (Nr. 3).

Soll das Risikomanagement in die allgemeine Compliance eingegliedert werden, so ist darauf zu achten, dass die damit befassten Beschäftigten intensiv in Bezug auf Menschen- und Umweltrechtsfragen geschult werden, auch sollten Audits Inspektionen vor Ort beinhalten, in die jedoch die lokalen Akteure (Gewerkschaften und NGOs) einzubeziehen sind (s.o.). Alternativ kann auch unter Beachtung der aufgeführten Grundsätze ein eigenes Überwachungsgremium geschaffen werden, wie es bereits zur Überwachung internationaler Rahmenvereinbarungen existiert (siehe unten S. 89 ff.). Inwieweit die Ausgestaltung des Risikomanagements des Unternehmens tatsächlich beeinflusst werden kann, wird sicher vom Standing im jeweiligen Gremium abhängen. Von Bedeutung ist in jedem Fall, wer intern für das Risikomanagement bzgl. der Einhaltung zentraler Menschen- und Umweltrechte entlang der Lieferkette zuständig ist und wem als Menschenrechtsbeauftragter/m gem. § 4 Abs. 3 S. 1 die unternehmensseitige Überwachung des Risikomanagements obliegt.

2. Informations- und Einsichtsrechte

Die Mitglieder des Aufsichtsrats bzw. des zuständigen Prüfungsausschusses gehören zu den nach § 5 Abs. 3 LkSG maßgeblichen Entscheidungsträger*innen (siehe oben S. 39 f.) und sind folglich zwingend über die Ergebnisse der Risikoanalyse nach dem LkSG zu informieren. Um ihrem Prüfungsauftrag effektiv nachkommen zu können, ist ihnen zudem die Grundsatzerklärung nach § 6 Abs. 2 zu übermitteln, darüber hinaus haben sie Einsicht in die interne Dokumentation nach § 10 Abs. 1 zu erhalten. Gleiches gilt bzgl. der Menschenrechtsstrategie für den eigenen Geschäftsbereich, auch über die in diesem Rah-

---

246 Vertiefend zu CSR: Zimmer, Will Corporate Social Responsibility Help to Improve Working Conditions? (2012), S. 280 ff.

men zu entwickelnden internen und externen Verhaltensvorschriften bzw. Richtlinien in den für das Risikomanagement relevanten Bereichen zu entwickeln.[247] Nach dem Entwurf für eine reformierte CSRD-Richtlinie der EU werden die betrieblichen Ebenen hinsichtlich der Nachhaltigkeitsberichterstattung konsultiert und der Aufsichtsrat ist über die Stellungnahme des Betriebsrates zu informieren (Art. 19a Abs. 4 CSRD).

Es bietet sich an, dass Arbeitnehmervertreter*innen im Aufsichtsrat die Mitglieder des Wirtschaftsausschusses im zulässigen Umfang dahingehend informieren, dass diese gezieltere Fragen zu den einzelnen Themenkomplexen beim Arbeitgeber stellen können (s.o.). Auch die Betriebsräte sollten zum Thema informiert werden, zumal in einigen Bereichen zwingende Mitbestimmungsrechte bestehen. Wird ein paritätisch besetztes Due Diligence Komitee gegründet (siehe ausf. unten S. 77 ff.), wäre auch eine Abstimmung mit diesem ratsam.

II. Wirtschaftsausschuss

Die Beteiligung des Wirtschaftsausschusses an der Umsetzung des LkSG wurde vom Gesetzgeber explizit vorgesehen. Zu den wirtschaftlichen Angelegenheiten, über die der Unternehmer gem. § 106 Abs. 2 BetrVG den Wirtschaftsausschuss rechtzeitig und umfassend zu unterrichten hat, gehören vom 01.01.2023 an gem. § 106 Abs. 3 BetrVG nach der neu eingefügten Nr. 5b auch „Fragen der unternehmerischen Sorgfaltspflichten in Lieferketten gemäß dem Lieferkettensorgfaltspflichtengesetz". Fraglich ist, ob dies nur für Unternehmen gilt, die allein oder im Konzernverbund mindestens 3.000 Arbeitnehmer*innen[248] in Deutschland beschäftigen (§ 1 Abs. 1 S. 1 Nr. 2 LkSG). Die Vorschrift des BetrVG verweist auf die im LkSG geregelten Sorgfaltspflichten, ohne dass es darauf ankommt, ob der Anwendungsbereich des LkSG eröffnet ist und dementsprechend die Verpflichtungen des Gesetzes für das Unternehmen greifen. Die in der Aufzählung des § 106 Abs. 3 BetrVG genannten Regelbeispiele dienen der Klarstellung, welche Sachverhalte als wirtschaftliche Angelegenheiten anzusehen sind – bei den Lieferbeziehungen und den zur Reduzierung von menschenrechtlichen und umweltbezogenen Risiken ergriffenen Sorgfaltspflichten handelt es sich zweifellos um solche.

---

247 BT-Drs. 19/28649, 46.
248 Ab 01.01.2024 verringert sich der Schwellenwert auf 1.000 Arbeitnehmer*innen.

Bei § 106 Abs. 3 Nr. 5b BetrVG handelt es sich um die einzige neue Bestimmung der betrieblichen (oder Unternehmens-)Mitbestimmung, die dezidiert auf das LkSG Bezug nimmt, sie geht auf eine Beschlussempfehlung des Bundestagsausschusses für Arbeit und Soziales zurück. Der Ausschuss ordnete die Verringerung menschenrechtlicher oder umweltbezogener Risiken als bedeutsamen Faktor für das wirtschaftliche Handeln des Unternehmens ein, da dieser Auswirkungen auf das „Reputations- und Performanzrisiko" haben kann, was zu „unmittelbaren Auswirkungen auf die wirtschaftliche Lage des Unternehmens" führen kann.[249]

Da der Wirtschaftsausschuss auf Unternehmensebene gebildet wird, erhält er die Informationen über die Umsetzung der Sorgfaltspflichten für die Unternehmensebene und hat daher detailliertere Einblicke in die konkreten unternehmensbezogenen Maßnahmen als der Aufsichtsrat, der nicht selten die Aufsicht über das konzernweite Risiko- und Compliancemanagement führt. Der Wirtschaftsausschuss ist zwar Hilfsorgan des Betriebsrates,[250] ihm kommt aber ein selbstständiges Recht auf umfassende Unterrichtung zu, die alle Informationen umfasst, die den Entscheidungen des Unternehmens zu Grunde liegt.[251]

1. Informationen zu Fragen der unternehmerischen Sorgfaltspflichten

Gem. § 106 Abs. 2 S. 1 BetrVG ist der Wirtschaftsausschuss „rechtzeitig und umfassend über die wirtschaftlichen Angelegenheiten des Unternehmens" zu unterrichten, ihm sind die „erforderlichen Unterlagen" vorzulegen. Diese beziehen sich gem. § 106 Abs. 3 Nr. 5b BetrVG ab 01.01.2023 auf „Fragen der unternehmerischen Sorgfaltspflichten in Lieferketten gemäß dem LkSG", der Gesetzgeber hat bzgl. der zu übermittelnden Informationen einen weiten Wortlaut gewählt. Inhaltlich sind die Informationen weitgehend mit denen identisch, auf die auch der Aufsichtsrat einen Anspruch hat. Allerdings ist die Rolle des Wirtschaftsausschusses eine andere, da er im Unterschied zum Aufsichtsrat nicht die Aufgabe hat, den Vorstand zu kontrollieren. Zudem beziehen sich die Informationen lediglich auf das Risikomanagement des Unternehmens und nicht das des Konzernes.

Die benötigten Informationen sind so rechtzeitig an den Wirtschaftsausschuss zu übermitteln, dass Anregungen des Ausschusses noch berücksichtigt werden können,[252] die Pflicht entsteht bereits mit dem Entschluss zur Planung. Wer-

---

249 BT-Drs. 19/30505, S. 44.
250 DKW-Däubler, § 106 Rn. 2.
251 DKW-Däubler, § 106 Rn. 36, 47.
252 LAG Berlin-Brandenburg, 30.03.2012 – 10 TaBV 2362/11 (juris); DKW-Däubler, § 106 Rn. 43.

den die Informationen übermittelt, nachdem im betreffenden Unternehmensorgan bereits die Entscheidung gefallen ist, so kommt die Information verspätet.[253] Die Mitglieder des Wirtschaftsausschusses haben folglich Anspruch auf
Vorlage des Entwurfs der Grundsatzerklärung nach § 6 Abs. 2 LkSG, gleiches
gilt für die Menschenrechtsstrategie des eigenen Geschäftsbereiches und für
die zu entwickelnden internen und externen Verhaltensvorschriften bzw.
Richtlinien in den für das Risikomanagement relevanten Bereichen, wobei
diese partiell der Mitbestimmung des Betriebsrates unterliegen (siehe S. 71 ff.).
Auch in Bezug auf die festzulegenden Kriterien der Risikoanalyse sind dem
Wirtschaftsausschuss bereits in der Planungsphase Informationen zu übermitteln. Das gilt nach hiesiger Auffassung auch in Bezug auf mögliche Personalien
der für die Risikoanalyse Zuständigen und der/des Menschenrechtsbeauftragten, erst hiermit ist die Information vollständig.[254] Dieses ergibt sich aus der
Wichtigkeit der genannten Personalien für eine effektive Implementierung
und Kontrolle des Risikomanagements, was unmittelbare Auswirkungen auf
das „Reputations- und Performanzrisiko" des Unternehmens hat und folglich
zu direkten „Auswirkungen auf die wirtschaftliche Lage des Unternehmens"
führen kann.[255] Der Wirtschaftsausschuss hat ferner Anspruch auf Informationen über Details zum geplanten Beschwerdeverfahren, wobei dieses aufgrund
der zwingenden Mitbestimmung nicht ohne Beteiligung des Betriebsrates verabschiedet werden darf (siehe unten S. 74 ff.). Aufgrund des gesetzlich vorgesehenen frühen Informationsflusses ist es gut möglich, dass der Informations-
fluss mit den arbeitnehmerseitigen Mitgliedern des Aufsichtsrates auch in die
andere Richtung läuft und der Wirtschaftsausschuss die Mitglieder des Aufsichtsrates bzw. des Prüfungsausschusses über kritische Punkte der Umsetzung
des LkSG aus ihrem Unternehmen informieren kann, bevor die Thematik auf
der Agenda des Aufsichtsrates gelandet ist.

Ist das Risikomanagement installiert, muss der Wirtschaftsausschuss über die
Ergebnisse der Risikoanalyse nach § 5, über die getroffenen Präventions- (§ 6)
bzw. Abhilfemaßnahmen (§ 7) sowie die eingegangenen Beschwerden (§ 8) informiert werden. Zudem hat der Wirtschaftsausschuss Anspruch auf Einsicht
in die interne Dokumentation nach § 10 Abs. 1 und den nach § 10 Abs. 2 jährlich zu erstellenden Bericht über die Erfüllung der Sorgfaltspflichten des Unternehmens, der zur Vorlage bei dem Bundesamt für Wirtschaft und Ausfuhrkontrolle sowie zur Veröffentlichung auf der Website des Unternehmens zu er-

---

253 ErfK-Kania, § 106 BetrVG Rn. 4.
254 Wie hier: DKW-Däubler, § 106 Rn. 58; a.A. ErfK-Kania, § 106 BetrVG Rn. 5, der nur eine Pflicht zur
     Information über die Auswirkungen auf die Personalplanung als gegeben ansieht.
255 So bereits der Ausschuss für Arbeit und Soziales des Deutschen Bundestages (ohne speziell auf Perso-
     nalien einzugehen), vgl. BT-Drs. 19/30505, S. 44.

stellen ist. Der Wirtschaftsausschuss kann zudem auf eigene Initiative weitere Maßnahmen zur Umsetzung des LkSG vorschlagen.[256]

2. Vernetzung mit anderen Gremien

Da der Wirtschaftsausschuss kein eigenständiges Mitbestimmungsorgan ist, sondern ein Hilfsorgan des Betriebsrates,[257] liegt eine wichtige Aufgabe darin, die gewonnenen Informationen an die zuständigen Betriebsratsgremien zu übermitteln. In der Regel wird es sich dabei um den Gesamtbetriebsrat handeln. Da ein Wirtschaftsausschuss gem. § 106 Abs. 1 S. 1 BetrVG „in allen Unternehmen" zu bilden ist, sofern der Schwellenwert von i.d.R. mehr als 100 ständig beschäftigten Arbeitnehmer*innen erreicht ist, ist er nicht an die Existenz eines Gesamtbetriebsrates gekoppelt. Ein Wirtschaftsausschuss ist auch in Unternehmen zu errichten, die nur über einen Betrieb verfügen. In einer solchen Konstellation sollte der Wirtschaftsausschuss nicht nur dem Betriebsrat, sondern auch dem KBR die über das Risikomanagement gewonnenen Informationen übermitteln, sofern ein solcher besteht.

Wie herausgearbeitet, kann eine effektive Risikoanalyse grundsätzlich leichter auf Unternehmens-, als auf Konzernebene durchgeführt werden (s.o.), somit kommt dem Wirtschaftsausschuss als Kontrollorgan neben dem Aufsichtsrat und im Zusammenspiel mit diesem eine wichtige Funktion zu. Insgesamt empfiehlt sich ein Zusammenspiel mit den arbeitnehmerseitigen Aufsichtsratsmitgliedern, wie bereits herausgearbeitet.

3. Wirtschaftsausschuss auf Konzernebene

Es besteht kein Anspruch darauf, einen Wirtschaftsausschuss auf Konzernebene zu errichten.[258] Zur effektiven Ausgestaltung, Implementierung und Überwachung des Risikomanagements und der weiteren Pflichten nach dem LkSG dürfte ein solcher konzernweiter Ausschuss auch nicht zwingend notwendig sein, da ja in jedem Fall ein Wirtschaftsausschuss auf Unternehmensebene existiert. Sollte sich dieses im Einzelfall anders darstellen, so kann jedoch zusätzlich auf freiwilliger Basis ein Wirtschaftsausschuss zwischen der zuständigen Gewerkschaft und der Konzernleitung mittels Tarifvertrags oder zwischen KBR und Konzernspitze mittels Konzernbetriebsvereinbarung abgeschlossen werden.[259] Es obliegt den Parteien, welche Zuständigkeiten des konzernweiten Wirtschaftsausschusses in eine solche Vereinbarung aufgenommen werden.

---

256 Baade, DStR 2022, 1617 (1624).
257 DKW-Däubler, § 106 Rn. 2, 34; ErfK-Kania, § 106 BetrVG Rn. 1.
258 BAG 23.08.1989, NZA 1990, 863; ErfK-Kania, § 106 BetrVG Rn. 2.
259 DKW-Däubler, § 106 Rn. 4, 19.

III. Betriebsrat

Unternehmerische Verantwortlichkeit ist für Betriebsratsgremien seit vielen Jahren ein präsentes Thema, wie zahlreiche abgeschlossene Betriebs- und Dienstvereinbarungen als Best-Practice-Beispiele zeigen.[260] Eine Studie von 2021 arbeitete zudem heraus, dass in Unternehmen mit einer gewachsenen Tradition der Sozialpartnerschaft Betriebsvereinbarungen zu Nachhaltigkeits-themen relativ problem- und konfliktfrei angestoßen, ausgehandelt und im-plementiert werden können.[261] Unternehmerische Verantwortlichkeit ist bis-lang vor allem dann für Betriebsräte als Thematik präsent, wenn diese über den Europäischen oder Weltbetriebsrat international engagiert sind oder ak-tiv in den Prozess der Schaffung und Implementierung eines internationalen Rahmenabkommens eingebunden waren. Die bislang zu verzeichnenden Ak-tivitäten beziehen sich jedoch überwiegend auf CSR- und Nachhaltigkeitsas-pekte des eigenen Unternehmens oder direkter Zulieferer. Unternehmerische Verantwortlichkeit entlang der gesamten Wertschöpfungskette ist für die meisten Gremien ein neues Thema. Wie Studien andeuten, haben Betriebs-räte bisher eher keine vertieften Kenntnisse zu den UN-Leitprinzipien,[262] glei-ches dürfte für vertiefte Kenntnisse zum neuen Sorgfaltspflichtengesetz gel-ten, das auf den UN-Leitprinzipien und dem Nationalen Aktionsplan basiert. Allerdings lassen sich Zusammenhänge leicht herstellen, da durch die Inter-nationalisierung der Produktion einerseits eine weltweite Verzahnung unter-nehmerischer Aktivitäten gegeben ist, was insbesondere durch Lieferketten-engpässe in der Pandemie deutlich geworden ist. Darüber hinaus erfasst das LkSG Arbeitsrechtsverstöße entlang der gesamten Wertschöpfungskette, ein Verstoß nach dem LkSG (§ 2 Abs. 2 Nr. 6) wäre bspw. auch bei der Behinde-rung der Betriebsratsgründung bei einem Zulieferunternehmen in Deutsch-land gegeben (siehe oben S. 30). Zudem kommt die Abwärtsspirale sozialer Standards auch bei uns in Deutschland an, sodass es nicht zuletzt auch im In-teresse hiesiger Interessenvertreter*innen liegt, dazu beizutragen, zentrale Ar-beitsrechte auch in anderen Ländern zu sichern.

Gem. § 4 Abs. 4 LkSG sind bei der Errichtung und Umsetzung des Risikoma-nagements die Interessen der eigenen Beschäftigten angemessen zu berück-sichtigen. Dies kann jedoch nicht abstrakt über eine Schreibtischanalyse statt-finden, in der die Interessen der Beschäftigten eruiert und bei der Konzeption berücksichtigt werden. Zwar hat der Gesetzgeber keine zwingenden Mitbe-

---

260 Siehe Auflistung bei Maschke/Zimmer, CSR – Gesellschaftliche Verantwortung von Unternehmen, 2013, S. 21 ff.
261 Haunschild et al. (2021), Nachhaltigkeit durch Mitbestimmung, S. 10.
262 Hadwiger/Hamm/Vitols/Wilke (2017), Menschenrechte im Unternehmen durchsetzen, S. 189 ff.

stimmungsrechte des Betriebsrates kodifiziert, er ist jedoch erkennbar von einer aktiven Einbindung der Beschäftigten oder ihrer Vertreter*innen ausgegangen, da in der Gesetzesbegründung auf „Konsultationen" abgestellt wird.[263] In betriebsratslosen Betrieben mag eine Informationsveranstaltung der (eigenen) Beschäftigten oder eine Einbindung über moderne Kommunikationstechniken ausreichen, gibt es einen Betriebsrat, so ist dieser als Vertreter der Beschäftigten einzubinden.[264] Zwar hat der Gesetzgeber lediglich Rechte des Wirtschaftsausschusses kodifiziert (siehe unter S. 61), da dieser jedoch kein eigenständiges Mitbestimmungsorgan, sondern ein Hilfsorgan des Betriebsrates ist,[265] ist die Verpflichtung aus § 4 Abs. 4 LkSG allein mit einer Einbindung des Wirtschaftsausschusses nicht erfüllt. Einzubinden ist vielmehr der Betriebsrat, der als gewähltes Gremium die Interessen der Beschäftigten vertritt, gleiches gilt für Personalräte im öffentlichen Dienst.

1.   Zuständiges Gremium

Zu klären ist, welche Betriebsratsebene bei der Umsetzung der Verpflichtungen aus dem LkSG zu beteiligen ist.

a)   Unternehmensweit zu erfüllende Sorgfaltspflichten

Da das LkSG auf eine Umsetzung der unternehmerischen Sorgfaltspflichten auf Unternehmensebene abstellt, ist der lokale Betriebsrat nur im Ausnahmefall das zuständige Gremium, wenn das Unternehmen nur einen Betrieb hat und es keinen Gesamt- oder Konzernbetriebsrat (KBR) gibt. Nach dem Grundsatz der strikten Zuständigkeitstrennung[266] schließen sich die Zuständigkeit von BR und Gesamtbetriebsrat (GBR) aus.[267] Gem. § 50 Abs. 1 BetrVG sind unternehmensweite Angelegenheiten dem GBR zugeordnet, daher ist dieser das bei der Einführung und Umsetzung der Pflichten aus dem LkSG zu beteiligende Betriebsratsgremium.[268] Dieses gilt zumindest für die Teile des Risikomanagements, die unternehmensweit umgesetzt werden. Innerhalb von Konzernstrukturen kann sich allerdings eine Kollision mit dem KBR ergeben, wie im Folgenden ausgeführt wird. Sitzt die Konzernmutter jedoch im Ausland, so-

---

263 BT-Drs. 19/28649, S. 44.
264 Ähnlich: Sagan/Schmidt, NZA-RR 6/2022, 281 (287).
265 DKW-Däubler, § 106 Rn. 2, 34; ErfK-Kania, § 106 BetrVG Rn. 1.
266 BAG 19.11.2019 – 3 AZR 127/18, NZA 2020, 452 (Rn. 24); BAG 30.01.2019 – 5 AZR 442/17, NZA 2019, 1076 (Rn. 95); BAG 14.11.2006 – 1 ABR 04/06, AP Nr. 43 zu § 87 BetrVG Überwachung (Rn. 34).
267 DKW-Deinert, § 50 Rn. 14; GK-Kreutz/Franzen, § 50 BetrVG Rn. 18.
268 DKW-Deinert, § 50 Rn. 25 ff.

dass nach Auffassung des BAG kein KBR gegründet werden kann,[269] ist eine Zuständigkeit des GBR in Bezug auf die Umsetzung der Verpflichtungen des LkSG in jedem Fall gegeben.[270]

b) Konzernweit zu erfüllende Sorgfaltspflichten

Innerhalb von Konzernstrukturen sind Risikomanagement und Compliance nicht selten konzernweit aufgebaut, sodass sich die Frage stellt, ob in Konzernen nicht der KBR in Bezug auf die konzernweite Umsetzung des LkSG zuständig ist und insoweit die Zuständigkeit des GBR verdrängt. Nach dem Grundsatz der strikten Zuständigkeitstrennung[271] kann nur eines der Gremien mit einem Thema befasst sein.[272] Gem. § 58 Abs. 1 BetrVG ist der KBR für Angelegenheiten zuständig, „die den Konzern (…) betreffen und nicht durch die einzelnen Gesamtbetriebsrate innerhalb ihrer Unternehmen geregelt werden können", maßgeblich ist der persönliche und sachliche Geltungsbereich der jeweiligen Maßnahme.[273] Insoweit ist in Bezug auf die Beteiligung des Betriebsrates bei jeder einzelnen Maßnahme die Zuständigkeit von GBR oder KBR zu klären. Geht es um Maßnahmen, die konzernweit getätigt werden sollen, bspw. um die Einführung des nach § 8 LkSG erforderlichen Beschwerdemanagements im Konzern (dazu unter B. IV. 6., S. 44 ff.), so ist ausschließlich der KBR zuständig. Gleiches gilt, wenn interne und externe Verhaltenskodizes in Bezug auf Verhaltenspflichten zur Umsetzung des LkSG (siehe unten III. 2. c), S. 71 ff.) für den gesamten Konzern eingeführt werden sollen[274] oder Personalfragebögen i.S.v. § 94 BetrVG konzernweit eingesetzt werden[275] (siehe unten, S. 73 f.). In Bezug auf eine Beteiligung nach § 80 Abs. 1, 2 BetrVG werden Informationen zu spezifischen Maßnahmen des eigenen Unternehmens abgefragt, so ist bspw. die Grundsatzerklärung nach § 6 Abs. 2 BetrVG für das einzelne Unternehmen abzugeben. Insoweit greifen hier die Beteiligungsrechte der einzelnen GBRs. Bei Maßnahmen, die sowohl für die einzelnen Unternehmen getätigt werden, als auch für den Konzern, ist zu prüfen, ob ausnahmsweise sowohl eine Zuständigkeit von GBR und KBR gegeben sein kann.

---

269 BAG 23.05.2018 – 7 ABR 60/16, NZA 2018, 1562 (Rn. 26); BAG 16.05.2007 – 7 ABR 63/06, NZA 2008, 320; kritisch zu dieser Rechtsprechung: DKW-Wenckebach, Vor. § 54 Rn. 23 ff. (m.w.N.). Zu Änderungsvorschlägen siehe: den BetrVG-Reformvorschlag des DGB, Allgaier et. al., Betriebliche Mitbestimmung für das 21. Jahrhundert. Gesetzentwurf für ein modernes Betriebsverfassungsgesetz (2022), § 54 Abs. 3.
270 BAG 23.05.2018 – 7 ABR 60/16, NZA 2018, 1562 (Rn. 26).
271 BAG 19.11.2019 – 3 AZR 127/18, NZA 2020, 452 (Rn. 24); BAG 30.01.2019 – 5 AZR 442/17, NZA 2019, 1076 (Rn. 95); BAG 14.11.2006 – 1 ABR 04/06, AP Nr. 43 zu § 87 BetrVG Überwachung (Rn. 34).
272 DKW-Deinert, § 50 Rn. 14; GK-Kreutz/Franzen, § 50 BetrVG Rn. 18.
273 DKW-Wenckebach, § 58 Rn. 14.
274 DKW-Wenckebach, § 58 Rn. 22.
275 BAG 11.12.2018 – 1 ABR 13/17, NZA 2019, 1009; DKW-Wenckebach, § 58 Rn. 24.

c) Ausnahmsweise Zuständigkeit von Gesamt- und Konzernbetriebsrat

Nach dem auch hier geltenden Grundsatz der strikten Zuständigkeitstrennung[276] schließt sich die Zuständigkeit der Gremien wechselseitig aus,[277] sodass entweder der GBR oder der KBR zuständig ist. Ausnahmsweise kann jedoch auch eine Zuständigkeit beider Gremien gegeben sein, wenn sich Instrumente für das einzelne Unternehmen anders gestalten, als für den Konzern und somit keine inhaltliche Überschneidung gegeben ist. Das ist bspw. der Fall in Bezug auf die Risikoanalyse oder auch bei Abhilfemaßnahmen, die lediglich bzgl. festgestellter Risiken oder Rechtsverletzungen in einem Unternehmen zu tätigen sind. In diesem Fall ist der GBR zuständig, der KBR hat die Zuständigkeit für konzernweite Maßnahmen des Risikomanagements oder konzernweite Berichterstattungen.

Sollte der Gesetzgeber den Forderungen des DGB nach einer Reformierung des BetrVG nachkommen und den Kreis der durch Tarifvertrag zu vereinbarenden Gremien erweitern, sodass bspw. auch rechtsträgerübergreifende Gesamtbetriebsräte nach (einem erweiterten) § 3 BetrVG geschaffen werden könnten,[278] würde dies eine Lücke schließen, die sich ergibt, wenn z.B. für im Familienbesitz befindliche Einzelunternehmen keine Konzernstruktur existiert und es somit weder einen GBR, noch einen KBR gibt. Eine weitere Lücke ließe sich durch eine Ergänzung von § 54 BetrVG schließen, wenn gesetzlich festgelegt würde, dass innerhalb von Konzernstrukturen, bei denen die Konzernspitze im Ausland sitzt, in jedem Fall ein KBR gebildet werden kann.[279]

2. Beteiligungsrechte des Gesamt- bzw. Konzernbetriebsrates

Eine Beteiligung des (Gesamt- bzw. Konzern-)Betriebsrates hat der Gesetzgeber nicht explizit vorgesehen, wobei der GBR (BR) durch seine Mitglieder im Wirtschaftsausschuss bereits mit der Thematik vertraut sein wird. Es kommen verschiedene Beteiligungsrechte des GBR bzw. KBR bei der Einführung und Umsetzung der unternehmerischen Sorgfaltspflichten nach dem LkSG in Frage, wie im Folgenden ausgeführt wird.

---

276 BAG 19.11.2019 – 3 AZR 127/18, NZA 2020, 452 (Rn. 24); BAG 30.01.2019 – 5 AZR 442/17, NZA 2019, 1076 (Rn. 95); BAG 14.11.2006 – 1 ABR 04/06, AP Nr. 43 zu § 87 BetrVG Überwachung (Rn. 34).

277 DKW-Deinert, § 50 Rn. 14; GK-Kreutz/Franzen, § 50 BetrVG Rn. 18.

278 Allgaier et. al., Betriebliche Mitbestimmung für das 21. Jahrhundert. Gesetzentwurf für ein modernes Betriebsverfassungsgesetz (2022), § 3 Abs. 1 Nr. 4.

279 Siehe vertiefend den BetrVG-Reformvorschlag des DGB, Allgaier et. al., Betriebliche Mitbestimmung für das 21. Jahrhundert. Gesetzentwurf für ein modernes Betriebsverfassungsgesetz (2022), § 54 Abs. 3.

a) Allgemeine Informationspflicht nach § 80 Abs. 1 BetrVG

Da es sich bei den Verpflichtungen des LkSG um gesetzliche Bestimmungen handelt, die arbeitgeberseitig einzuhalten sind und die zumindest im eigenen Geschäftsbereich auch zugunsten der eigenen Beschäftigten wirken, gehört die Beschäftigung mit der Umsetzung der Pflichten des LkSG nach § 80 Abs. 1 Nr. 1 BetrVG zu den Aufgaben des Betriebsrates.[280] Die Überwachungspflicht des Betriebsrates über die Einhaltung der in § 80 Abs. 1 S. 1 aufgeführten Normen soll sicherstellen, dass die Schutzvorschriften zugunsten der Beschäftigten in der Praxis auch eingehalten werden.[281] Dies korrespondiert mit § 4 Abs. 4 LkSG, der das Unternehmen dazu verpflichtet, die Interessen seiner Beschäftigten beim Lieferkettenmanagement „angemessen zu berücksichtigen".

Gem. § 80 Abs. 2 BetrVG sind dem Gremium dementsprechend Informationen zur Einhaltung der Verpflichtungen aus dem LkSG zu erteilen, dieses hat „umfassend" und „rechtzeitig" zu erfolgen, diesbezüglich kann auf die Ausführungen zum Wirtschaftsausschuss verwiesen werden (siehe unter S. 61 ff.). Die zu erteilenden Informationen sind inhaltlich in zum Teil identisch mit denen, die dem Wirtschaftsausschuss zu erteilen sind, wobei nicht alle Informationen, auf die der Wirtschaftsausschuss Anspruch hat, auch dem Betriebsrat zukommen. Insoweit ist eine Abstimmung der Gremien sinnvoll, um Kapazitäten sinnvoll einzusetzen. Der Betriebsrat hat Anspruch auf den Entwurf der Grundsatzerklärung nach § 6 Abs. 2,[282] gleiches gilt für die auf den eigenen Geschäftsbereich des Unternehmens bezogene Menschenrechtsstrategie, die gem. § 6 Abs. 2 Nr. 3 (u.a.) gegenüber den eigenen Beschäftigten öffentlich zu machen ist.[283] Auch in Bezug auf die festzulegenden Kriterien der Risikoanalyse sind dem Betriebsrat bereits in der Planungsphase Informationen zu übermitteln. Allerdings besteht bzgl. der für die Risikoanalyse Zuständigen sowie der/dem Menschenrechtsbeauftragten lediglich ein Anspruch auf Information über die Besetzung der Position, nicht aber auf die Personalien. Dieses gründet sich darauf, dass der Betriebsrat die Aufgabe hat, dafür Sorge zu tragen, dass Schutzvorschriften zugunsten der Beschäftigten in der Praxis auch eingehalten werden,[284] seine Aufgabe liegt jedoch nicht in der Bewertung der wirtschaftlichen Lage des Unternehmens, soweit es hierbei nicht um strukturelle Veränderungen geht, die bspw. Rechte aus §§ 111 ff. BetrVG mit sich bringen.

---

280 DKW-Buschmann, § 80 Rn. 10; Zimmer, AiB 9/2022, S. 21 (23). Wie bereits herausgearbeitet, sind GBR und KBR die zuständigen Gremien. Dieses wird vorausgesetzt, wenn vorliegend die Terminologie „Betriebsrat" verwendet wird.
281 ErfK-Kania, § 80 BetrVG Rn. 3.
282 BT-Drs. 19/28604, 46; i.E. ebenso: Edel/Frank/Heine/Heine, BB 2021, 2890 (2895).
283 Nietsch/Wiedmann, CCZ 2021, 101 (107).
284 ErfK-Kania, § 80 BetrVG Rn. 3.

Ist das Risikomanagement installiert, besteht ein Anspruch auf Übermittlung der Ergebnisse der Risikoanalyse nach § 5 LkSG, über die getroffenen Präventions- (§ 6) bzw. Abhilfemaßnahmen (§ 7) sowie über die eingegangenen Beschwerden. Der Betriebsrat hat zudem Anspruch auf Einsicht in die interne Dokumentation nach § 10 Abs. 1 sowie in den nach § 10 Abs. 2 jährlich zu erstellenden Bericht über die Erfüllung der Sorgfaltspflichten des Unternehmens, wobei dieser ohnehin auf der Website des Unternehmens zugänglich zu sein hat.

Ein Informationsanspruch über die zu entwickelnden internen und externen Verhaltensvorschriften bzw. Richtlinien in den für das Risikomanagement relevanten Bereichen gründet sich aufgrund der Mitbestimmung des Betriebsrates auf § 87 Abs. 1 Nr. 1 BetrVG, gleiches gilt für die Einführung eines Beschwerdemanagements nach § 8 LkSG (siehe Ausführungen im Folgenden).

Fraglich ist, inwieweit der Betriebsrat auch eigene Ermittlungen über die Einhaltung der Bestimmungen des LkSG tätigen kann. In Bezug auf die o.g. Punkte ist das sicher anzunehmen, gehört die Überwachung der Einhaltung dieser Bestimmungen doch unzweifelhaft zu seinen Aufgaben nach § 80 Abs. 1 Nr. 1 BetrVG. Doch wie sieht es bspw. mit Untersuchungen über die Einhaltung der nach § 2 Abs. 2 LkSG einzuhaltenden menschenrechtlichen Standards im Ausland aus? Eine Schranke könnte das überkommene, in der Rechtsprechung des BAG jedoch noch immer präsente Territorialitätsprinzip darstellen.[285] Angesichts des danach auf Deutschland zu begrenzenden Mandates, das zudem nur für die eigene Belegschaft gilt, wären solche Ermittlungen des GBR oder KBR wohl auf Sachverhalte in Deutschland zu begrenzen. Zutreffend muss sich jedoch die Zuständigkeit des Gremiums allein nach der Lage des Betriebs richten,[286] sodass eigene Aktivitäten des Betriebsrates eines in Deutschland gelegenen Betriebs im Ausland nicht von vornherein ausgeschlossen sind. Anders sieht es auch bei dem Europäischen Betriebsrat (EBR) aus, dessen Mandat über die Landesgrenzen hinausgeht, Gleiches gilt für einen Weltkonzernbetriebsrat, wenn ein solcher mit dem Management vereinbart wurde.[287] Im Übrigen ist bzgl. derartiger Ermittlungen auf eine Verzahnung der Betriebsräte mit Gewerkschaften und Nichtregierungsorganisationen (NGOs) zu verweisen.

---

285 Umfassend und kritisch hierzu Deinert, Betriebsverfassung in Zeiten der Globalisierung, S. 9 ff.

286 Deinert, Betriebsverfassung in Zeiten der Globalisierung, S. 31 f.

287 Welt-Konzernbetriebsräte bzw. Weltbetriebsräte wurden auf Basis freiwilliger Vereinbarungen bei einigen Großkonzernen vereinbart, siehe unter E. III. 5. Zum WKBR bei VW, vgl. Roch (2009), Der Weltkonzernbetriebsrat von Volkswagen. Zum Instrument siehe Rüb, Weltbetriebsräte und andere Formen weltweiter Arbeitnehmervertretungsstrukturen in transnationalen Konzernen, 2000, S. 9 ff.; DKW-Däubler, Einl. Rn. 243.

Erfährt der Betriebsrat, dass der Arbeitgeber gegen Pflichten aus dem LkSG verstößt, so kann auch er das Bundesamt für Wirtschaft und Ausfuhrkontrolle als zuständiges Überwachungsgremium informieren (s.o., S. 51 f.).

b) Betriebsversammlung (§ 42 ff. BetrVG)

Es bietet sich an, die Betriebsöffentlichkeit mittels Thematisierung der unternehmerischen Verantwortung entlang der Lieferkette auf einer Betriebsversammlung zu informieren, die Thematik kann auch in den Bericht des Arbeitgebers (§ 43 Abs. 2 S. 2 und 3 BetrVG) aufgenommen werden.[288] Dieser kann in seinem Bericht auch über die Grundsatzerklärung zur Menschenrechtsstrategie des Unternehmens nach dem LkSG informieren. Diese Erklärung ist gem. § 6 Abs. 2 Nr. 3 LkSG u.a. gegenüber den eigenen Beschäftigten öffentlich zu machen.[289]

In Bezug auf die Thematik der unternehmerischen Sorgfaltspflicht entlang der Wertschöpfungskette wird die zuständige Gewerkschaft sicher Unterstützung leisten, auch externe Sachverständige könnten eingebunden werden. Ein solches Vorgehen empfiehlt sich insbesondere, wenn der Betriebsrat in Erwägung zieht, eine Arbeitsgruppe nach § 28a BetrVG zum Thema einzusetzen und betriebsangehörige Arbeitnehmer*innen eingebunden werden sollen. Über das Mandat der Arbeitsgruppe sollte mit dem Arbeitgeber eine Rahmenvereinbarung nach § 28a Abs. 1 BetrVG geschlossen werden, wobei es sich empfiehlt, der Arbeitsgruppe keine Letztentscheidungsgewalt zu geben,[290] ist es doch der Betriebsrat, der als gewählte Vertretung der Beschäftigten von diesen mit einem Mandat ausgestattet wurde. Insoweit sollte er auch die Letztentscheidung treffen, mit welchem Inhalt Betriebsvereinbarungen abgeschlossen werden.

c) Mitbestimmung bei der Einführung interner Verhaltenskodizes (§ 87 Abs. 1 Nr. 1 BetrVG)

Zur Umsetzung der Menschenrechtsstrategie in „relevanten Geschäftsabläufen" des eigenen Geschäftsbereiches (§ 6 Abs. 3 Nr. 1 LkSG) sind interne und externe Verhaltensvorschriften bzw. Richtlinien zu entwickeln.[291] Auch im Rahmen der abzugebenden Grundsatzklärung muss das Unternehmen u.a. seine an die eigenen Beschäftigten gerichteten menschenrechts- und umweltbezogenen „Erwartungen" formulieren (§ 6 Abs. 2 S. 3 Nr. 3) und diese im Bedarfsfall aktualisieren (§ 6 Abs. 5 S. 3).[292] Unabhängig von der näheren Ausgestaltung einer Regelung können jedoch nur die eigenen Beschäftigten, nicht

---

288 Zimmer, AiB 9/2022, 21 (23).
289 Nietsch/Wiedmann, CCZ 2021, 101 (107).
290 Zimmer, AiB 9/2022, 21 (23).
291 BT-Drs. 19/28649, 46.
292 Edel/Frank/Heine/Heine, BB 2021, 2890 (2894).

aber außenstehende Dritte zu bestimmten Verhaltensweisen verpflichtet werden, da eine Regelung zu Lasten Dritter unzulässig ist.[293] Um verbindlich zu sein, müssen solche Verhaltensrichtlinien in das Arbeitsverhältnis implementiert werden, was über das Direktionsrecht, einen Zusatz zum Arbeitsvertrag oder über eine Betriebsvereinbarung geschehen kann.[294] Da Verhaltenskodizes verbindliche Anweisungen für die Beschäftigten enthalten, werden Mitbestimmungsrechte des Betriebsrates nach § 87 Abs. 1 Nr. 1 BetrVG berührt.[295] Dieses betrifft sowohl die Gestaltung der Ordnung des Betriebs durch Schaffung allgemeingültiger, verbindlicher Verhaltensregeln, als auch alle Maßnahmen, durch die das Verhalten der Arbeitnehmer*innen in Bezug auf die betriebliche Ordnung beeinflusst werden soll. Mitbestimmungspflichtig sind Regelungen, die das Ordnungsverhalten betreffen, das von dem nicht mitbestimmungspflichtigen Arbeitsverhalten abzugrenzen ist. Ob eine Anordnung das Ordnungsverhalten oder das Arbeitsverhalten betrifft, beurteilt sich nicht nach den subjektiven Vorstellungen der Arbeitgeber*in, entscheidend ist vielmehr der objektive Regelungszweck, der sich nach dem Inhalt der Maßnahme und der Art des zu beeinflussenden betrieblichen Geschehens bestimmt.[296] Der Mitbestimmung unterliegt daher das betriebliche Zusammenleben und Zusammenwirken der Arbeitnehmer, soweit es nicht darum geht, unmittelbar die Arbeitspflicht zu konkretisieren und abzufordern.[297] So wäre bspw. die Aufforderung, Zulieferer zu überwachen, eine nicht mitbestimmungspflichtige Arbeitsanweisung.

Mit der Honeywell-Entscheidung stellte das BAG klar, dass ein Mitbestimmungsrecht des Betriebsrates an einzelnen Teilen eines Verhaltenskodex nicht zu einem Mitbestimmungsrecht an der Gesamtheit führt, da der Kodex kein unauflösbares Gesamtwerk darstelle. Das ist nach der Rechtsprechung des BAG selbst dann nicht der Fall, wenn der Kodex eine „Whistleblower-Klausel" enthält, welche die Beschäftigten dazu verpflichtet, jeglichen Verstoß gegen den Kodex zu melden und eine Verletzung dieser Pflicht arbeitsrechtliche Sanktionen nach sich zieht.[298] Eine solche sanktionsbewährte Meldepflicht verknüpft die verschiedenen Teile des Kodex nicht dergestalt, dass ein Abändern nicht möglich ist, ohne den Gesamtkontext zu zerstören. Entscheidend ist

---

293 BGH 12.11.1980, BGHZ 78, 369(374 f.); bezogen auf Ethikrichtlinien: Wisskirchen/Jordan/Bissel, DB 2005, 2190 (2195), sowie Mengel/Hagemeister, BB 2007, 1386 (1390) und Wagner, Ethikrichtlinien – Implementierung und Mitbestimmung, 2008, S. 41.

294 Baade, DStR 2022, 1617 (1621 f.); Edel/Frank/Heine/Heine, BB 2021, 2890 (2894); Schneider, Die arbeitsrechtliche Implementierung von Compliance und Ethikrichtlinien (2009), S. 98 ff.

295 Grabosch-Grabosch, § 5 Rn. 84; Sagan/Schmidt, NZA-RR 6/2022, 281 (288); zur MB bei Ethikrichtlinien, vgl. Kock, ZIP 2009, 1406; Wisskirchen/Jordan/Bissels, DB 2005, 2190.

296 BAG 11.06.2002 – 1 ABR 46/01, AP Nr. 38 zu § 87 BetrVG 1972, Ordnung des Betriebes.

297 LAG Düsseldorf 14.11.2005, NZA-RR 2006, 81 (84) m.w.N.

298 So aber Hess. LAG v. 18.01.2007, AiB 2007, 663 ff., mit Anmerkungen von Lewek.

nicht die mehr oder weniger zufällige Auflistung der Vorstellungen des Arbeit-gebers, sondern vielmehr der Inhalt der einzelnen Bestimmungen. Daher ist es notwendig, in Bezug auf sämtliche Bestimmungen des Verhaltenskodex zu un-tersuchen, ob ein Mitbestimmungsrecht des Betriebsrates gegeben ist.[299] Mitbe-stimmungsrechte des Betriebsrates greifen jedoch nur ein, sofern Arbeit-nehmer*innen i.S.d. § 5 Abs. 1 BetrVG betroffen sind. Werden auch Verhal-tensanweisungen an leitende Angestellte i.S.d. § 5 Abs. 3 BetrVG formuliert, unterliegen diese nicht der betrieblichen Mitbestimmung. Allerdings ist da-durch nicht die Mitbestimmung insgesamt ausgeschlossen, da dieser Teil der Belegschaft nur eine kleine Minderheit ausmacht.

Das mitbestimmungspflichtige Ordnungsverhalten ist bspw. betroffen, wenn eine Pflicht zur Meldung von Lieferkettenrisiken oder von Rechtsverstößen ko-difiziert wird, die unter Beachtung eines standardisierten Verfahrens implemen-tiert werden soll.[300] Es reicht aus, wenn den Beschäftigten „nahegelegt" wird, „bei wahrgenommenen oder vermuteten Verstößen" gegen „Werte und ge-schäftliche Verhaltensgrundsätze" ihre Vorgesetzten zu kontaktieren[301] oder eine i.R.d. Beschwerdemanagement nach § 8 LkSG eingerichtete Hotline anzurufen. Reine Verlautbarungen zu menschen- oder umweltrechtlichen Sorgfaltspflich-ten nach dem LkSG hingegen sind nicht mitbestimmungspflichtig.[302]

Werden in einem Verhaltenskodex konzernweite Regelungen aufgestellt, ist nach den allgemeinen betriebsverfassungsrechtlichen Zuständigkeitsregelun-gen der KBR zuständig (§ 58 Abs. 1 BetrVG).[303] Handelt es sich lediglich um eine Ethikrichtlinie für ein Unternehmen, so liegt die Zuständigkeit nach § 50 Abs. 1 beim GBR.[304]

d) Mitbestimmung bei dem Einsatz von Personalfragebögen (§ 94 Abs. 1 BetrVG)

Ein Mitbestimmungsrecht des Betriebsrates kann auch bei der Durchführung der Risikoanalyse gegeben sein, bspw. wenn Arbeitnehmer*innen zu mögli-chen menschen- oder umweltrechtlichen Risiken befragt werden sollen. Solch eine standardisierte Umfrage ist als Einsatz eines Personalfragebogens i.S.v.

---

299 BAG 22.07.2008 – 1 ABR 40/07, NZA 1248 (1252).

300 Baade, DStR 2022, 1617 (1622); Edel/Frank/Heine/Heine, BB 2021, 2890 (2895).

301 LAG Baden-Württemberg 03.06.2019 – 11 TaBV 9/18, juris (Rn. 92); ausführlich zum notwendigen Grad der Verpflichtung: Schneider, Die arbeitsrechtliche Implementierung von Compliance und Ethikrichtlinien, S. 196 ff.

302 Vgl. BAG 22.07.2008 – 1 ABR 40/07, NZA 2008, 1248 (Rn. 42).

303 BAG 17.05.2011 – 1 ABR 121/09, Rn. 17; DKW-Wenckebach, § 58, Rn. 22.

304 BAG 22.07.2008 – 1 ABR 40/07, NZA 2008, 1248 ff. (Rn. 67); Edel/Frank/Heine/Heine, BB 2021, 2890 (2894); Schneider, Die arbeitsrechtliche Implementierung von Compliance und Ethikrichtlinien (2009), S. 183 ff.

§ 94 Abs. 1 S. 1 BetrVG zu werten. Als Personalfragebogen gelten formularmäßig abgefasste Fragen, die Auskunft über die Person, sowie Kenntnisse und Fähigkeiten geben sollen.[305] Erfasst werden sämtliche formalisierten und standardisierten Informationserhebungen des Arbeitgebers über Arbeitnehmerdaten,[306] auch wenn kein Fragebogen aus Papier eingesetzt, sondern eine Onlineumfrage durchgeführt wird. Beim Einsatz von Personalfragebögen greift die zwingende Mitbestimmung des Betriebsrates aus § 94 Abs. 1 BetrVG. Denkbar wäre bspw. ein Abfragen von Diskriminierungserfahrungen im Betrieb (vgl. § 2 Abs. 2 Nr. 7 LkSG) oder die Einhaltung von Arbeitsschutzmaßnahmen (vgl. § 2 Abs. 2 Nr. 5).[307] Das Mitbestimmungsrecht entfällt jedoch, wenn die Teilnahme an der Umfrage freiwillig ist.[308] Für konzernweite Befragungen liegt die Zuständigkeit beim KBR.[309]

e) Mitbestimmung bei der Schaffung und Durchführung eines Beschwerdeverfahrens nach § 8 LkSG

Die unternehmerischen Sorgfaltspflichten umfassen gem. § 8 LkSG die Einrichtung eines Beschwerdeverfahrens, für das nach § 8 Abs. 2 eine Verfahrensordnung festzulegen ist. Gegenstand von Beschwerden sind in diesem Zusammenhang Hinweise auf mögliche menschenrechtliche und umweltbezogene Risiken. Die allgemeinen betriebsverfassungsrechtlichen Beschwerderechte (§§ 84, 85 BetrVG) bleiben davon unberührt.

(1) Beteiligung des Betriebsrates nach § 87 Abs. 1 Nr. 1 BetrVG

Neben externen „Personen" sind auch Mitarbeiter*innen des Unternehmens beschwerdebefugt (§ 8 Abs. 1 S. 2), zudem können sich Beschwerden gegen Fehlverhalten von Beschäftigten des Unternehmens richten. Daher ist bei der Einrichtung und Ausgestaltung des Beschwerdeverfahrens das Mitbestimmungsrecht des Betriebsrates aus § 87 Abs. 1 Nr. 1 BetrVG zu prüfen und der Betriebsrat ggfs. beteiligen. Allerdings setzt das mitbestimmungspflichtige Ordnungsverhalten einen gewissen Grad an Verbindlichkeit voraus. Steht das Einlegen einer Beschwerde den Beschäftigten vollständig frei, wirkt sich dieses nur geringfügig auf das Ordnungsverhalten der Beschäftigten aus, sodass § 87 Abs. 1 Nr. 1 BetrVG nicht einschlägig ist.[310] Werden keine bloßen Appelle, sondern allgemeingültige Verhaltensregeln aufgestellt, so ist der Betriebsrat nach § 87 Abs. 1

---

305   BAG 09.07.1991 – 1 ABR 57/90, DB 92, 143 (144); BAG 02.12.1999 – 2 AZR 724/98, BB 2000, 1092 (1093); DKW-Wankel, § 94, Rn. 3; ErfK-Kania, § 94 BetrVG, Rn. 2.
306   Baade, DStR 2022, 1617 (1623).
307   Baade, DStR 2022, 1617 (1623); Edel/Frank/Heine/Heine, BB 2021, 2890 (2895).
308   BAG 11.12.2018 – 1 ABR 13/17, BB 2019, 1529 m. Komm. Weller (Rn. 36).
309   BAG 11.12.2018 – 1 ABR 13/17; DKW-Wenckebach, § 58, Rn. 24.
310   Schneider, Die arbeitsrechtliche Implementierung von Compliance- und Ethikrichtlinien, S. 198.

Nr. 1 BetrVG zu beteiligen.[311] Das BAG hat das Mitbestimmungsrecht des Betriebsrates nach § 87 Abs. 1 Nr. 1 BetrVG bei einer Verpflichtung der Beschäftigten als gegeben angesehen, wenn mutmaßliche Verstöße gegen Verhaltensregeln einer Ethikrichtlinie bei einer zu diesem Zweck eingerichteten „Telefon-Hotline" anzuzeigen sind.[312] Auch das Einrichten einer Hotline oder einer internetgestützten Eingabemaske unterliegt folglich dem Mitbestimmungsrecht aus § 87 Abs. 1 Nr. 1 BetrVG,[313] nach bisheriger Rechtsprechung zumindest, wenn es den eigenen Beschäftigten nicht völlig freigestellt ist, ob und welche Art von Verstößen zu melden sind.[314] Da bei Verstößen gegen das LkSG Reputationsschäden drohen, ist davon auszugehen, dass entsprechende Hinweise auf drohende Risiken oder gar Rechtsverstöße als Nebenpflicht der Beschäftigten eingeordnet werden kann, sodass mit Inkrafttreten des LkSG nicht mehr von einer Freiwilligkeit der Meldung ausgegangen werden kann und der Betriebsrat somit in jedem Fall zu beteiligen ist.[315]

(2) Beteiligung des Betriebsrates nach § 87 Abs. 1 Nr. 6 BetrVG

Unabhängig von der Ausgestaltung des Grades der Meldeverpflichtung kann jedoch das Mitbestimmungsrecht aus § 87 Abs. 1 Nr. 6 BetrVG einschlägig sein. Dieses regelt die Mitbestimmung des Betriebsrates bei der Einführung und Anwendung technischer Einrichtungen, die objektiv geeignet sind, das Verhalten oder die Leistung der Arbeitnehmer*innen zu überwachen.[316] Eine technische Einrichtung i.S.v. § 87 Abs. 1 Nr. 6 BetrVG stellt jedes optische, mechanische, akustische oder elektronische Gerät dar, mit dem ein Überwachungsvorgang durch die Erhebung von Daten oder deren Auswertung erfolgt oder erfolgen kann.[317] Der Zweck dieses Mitbestimmungsrechts liegt im Schutz der einzelnen Arbeitnehmer*in gegen anonyme Kontrolleinrichtungen, geschützt wird mithin das Persönlichkeitsrecht aus Art. 1 Abs. 1 i.V.m. Art. 2 Abs. 1 GG. Das BAG erachtet es in ständiger Rechtsprechung als ausreichend, wenn die Einrichtung zur Überwachung geeignet ist,[318] wie bspw. bei der automatischen Erfassung von Telefondaten oder -gebühren.[319] Das Verhalten der Beschäftigten ist betroffen, wenn eine Beschwerde im Rahmen eines

---

311 Ebenda.
312 BAG 22.07.2008 – 1 ABR 40/07, NZA 1248.
313 BAG 22.07.2008 – 1 ABR 40/07, NZA 1248 (1255).
314 Baade, DStR 2022, 1617 (1623); Edel/Frank/Heine/Heine, BB 2021, 2890 (2895).
315 Sagan, ZIP 2022, 1419 (1422).
316 BAG 11.12.2018 – 1 ABR 13/17, BB 2019, 1529 m. Komm. Weller.
317 ErfK-Kania, § 87, Rn. 49; DKW-Klebe, § 87, Rn. 168; Schneider, Die arbeitsrechtliche Implementierung von Compliance- und Ethikrichtlinien, S. 209.
318 BAG 06.12.1986 – 1 ABR 43/81, NJW 1984, 1476; BAG 27.05.1986, AP Nr. 15 zu § 87 BetrVG 1972, Überwachung BAG 09.09.1975 – 1 ABR 20/74, NJW 1976, 261.
319 BAG 27.05.1986, AP Nr. 15 zu § 87 BetrVG 1972, Überwachung.

Beschwerdesystems[320] nach dem LkSG eingelegt wird. Da bei dem Beschwerde-verfahren ganz überwiegend eine elektronische Beschwerdemöglichkeit ge-schaffen wird, bspw. in Form einer Onlineeingabemaske oder einer E-Mail, ist die Einrichtung mitbestimmungspflichtig, sofern hierbei die IP-Adressen der Beschwerdeführer*innen gespeichert werden.[321] Das ist bei moderner Kommu-nikationstechnologie in der Regel der Fall, Gleiches gilt für moderne Telefon-anlagen. Folglich ist eine Beteiligung des Betriebsrates ebenfalls nach § 87 Abs. 1 Nr. 6 BetrVG zwingend angezeigt.[322] Die Mitbestimmung nach § 87 Abs. 1 Nr. 6 BetrVG greift auch, wenn das Unternehmen einen externen An-bieter mit dem Betreiben des Beschwerdesystems beauftragt oder sich nach § 8 Abs. 1 S. 6 LkSG an einem unternehmensübergreifenden Beschwerdesystem beteiligt, das von einem Dritten betrieben wird. Ist das der Fall, muss durch eine entsprechende Vertragsgestaltung mit dem Anbieter sichergestellt wer-den, dass das Mitbestimmungsrecht des Betriebsrates gewahrt bleibt.[323]

(3) Was ist vom Mitbestimmungsrecht umfasst?

Sind § 87 Abs. 1 Nr. 1 und/oder Nr. 6 BetrVG einschlägig, so dürfte, ausgehend von der Rechtsprechung des BAG zur Beteiligung des Betriebsrates bei dem Aufbau einer Beschwerdestelle nach dem AGG,[324] zwar kein Mitbestimmungs-recht bzgl. Ort und personeller Besetzung der Beschwerdestelle nach dem LkSG bestehen, wohl aber bzgl. der Ausgestaltung des Beschwerdeverfah-rens.[325] Der Kontext ist durchaus vergleichbar, allerdings geht das nach § 8 LkSG zu errichtende Beschwerdeverfahren über das Unternehmen hinaus, da auch Externe als Hinweisgeber in Frage kommen. Da aber auch Mitarbeiter*innen des Unternehmens Verstöße melden können, ist der An-wendungsbereich der zwingenden Mitbestimmung erfüllt, sodass der Betriebs-rat bei dem Erarbeiten und Verabschieden der nach § 8 Abs. 2 LkSG erforder-lichen Verfahrensordnung zu beteiligen ist. Da es sich bei § 87 Abs. 1 Nr. 1 Be-trVG um ein Initiativrecht der zwingenden Mitbestimmung handelt,[326] kann der BR auch nach dem bekannten Prozedere ein Tätigwerden des Arbeitgebers initiieren und das Aufstellen einer Verfahrensordnung für das Beschwerdever-fahren über die Einigungsstelle erzwingen.

Nach hier vertretener Auffassung erfüllt nach jetzigem Stand jedoch nur ein ex-ternes Beschwerdesystem das in § 8 Abs. 3 S. 1 LkSG normierte Erfordernis der

---

320 Schneider, Die arbeitsrechtliche Implementierung von Compliance- und Ethikrichtlinien, S. 212.

321 Edel/Frank/Heine/Heine, BB 2021, 2890 (2895).

322 Edel/Frank/Heine/Heine, BB 2021, 2890 (2895); zu eng insoweit: Sagan, ZIP 2022, 1419 (1423).

323 Edel/Frank/Heine/Heine, BB 2021, 2890 (2895); vgl. BAG 30.09.2014 – 1 ABR 106/12, NZA 2015, 314 (zum Arbeits- und Gesundheitsschutz).

324 BAG 21.07.2009 – 1 ABR 42/08, NZA 2009, 1049.

325 Zimmer, AiB 9/22, 21 (23).

326 DKW-Klebe, § 87 Rn. 60.

Unabhängigkeit,[327] da Beschwerdebeauftragte Gewähr für unparteiisches Handeln bieten müssen und keinen unternehmensseitigen Weisungen unterliegen dürfen. Das ist nach aktuellem Stand bei Betriebsangehörigen nicht gegeben, da diese keinen Sonderkündigungsschutz und keinen speziellen Schutz vor Maßregelungen haben (siehe oben S. 47 f.). Solange der Gesetzgeber einen solchen Schutz nicht kodifiziert, ist daher nur eine externe Lösung für das Beschwerdeverfahren möglich. Eine interne Lösung wäre lediglich denkbar, wenn den zentralen Akteur*innen sowie der/dem Beschwerdebeauftragten Schutz vor Maßregelung sowie Sonderkündigungsschutz über einen Tarifvertrag vermittelt würde (siehe S. 84 ff.).

Wird für das Beschwerdeverfahren ein technisches System mit Eingabemaske eingeführt, so bezieht sich das Mitbestimmungsrecht des Betriebsrates bereits auf die Auswahl der eingesetzten Software.[328]

(4) Umsetzung in der Praxis

Da gem. § 8 Abs. 4 S. 1 LkSG klare und verständliche Informationen darauf hinweisen müssen, wie das Beschwerdesystem zu erreichen ist, müssen diese Informationen in den verschiedenen Landessprachen auf der Website eingestellt werden. Auch die nach § 8 Abs. 4 S. 2 LkSG erforderliche Zugänglichkeit macht es notwendig, dass in den jeweiligen Landessprachen Beschwerde eingelegt werden kann. Neben einem internetgestützten System per Eingabemaske oder E-Mail ist auch eine telefonische Beschwerdemöglichkeit zu schaffen. Hierzu sind Regelungen in der zu schaffenden Verfahrensordnung zu treffen. Festzulegen ist ferner, wie die § 8 Abs. 1 S. 3 LkSG erforderliche Eingangsbestätigung erteilt wird und die § 8 Abs. 1 S. 4 LkSG vorgeschriebene Sachverhaltserörterung ablaufen soll. Die Verfahrensordnung sollte ferner Regelungen dazu enthalten, nach welchen Kriterien der jeweilige Sachverhalt aufzuklären ist und welche innerbetrieblichen Kompetenzen Beschwerdebeauftragte haben. Auch Festlegungen, unter welchen Modalitäten der/die Beschwerdebeauftragte abberufen werden könnte, sollten getroffen werden. Der Betriebsrat sollte nachhalten, ob die aufgestellten Regelungen auch eingehalten werden.

3. Schaffung eines paritätisch besetzten neuen Gremiums[329]

Da sowohl die Arbeitnehmer- als auch die Arbeitgeberseite großes Interesse an einer Umsetzung des LkSG haben dürfte, mit der die gesetzlichen Pflichten vollumfänglich erfüllt werden, bietet es sich an, die Aufgabe gemeinsam in

---

327 IE ebenso: Dutzi/Schneider/Hasenau, DK 11/2021, 454 (458); Sagan, ZIP 2022, 1419 (1420).
328 DKW-Klebe, § 87 Rn. 171.
329 Ich danke Christian Weis für seine Anregungen zu diesem Abschnitt.

Angriff zu nehmen. Zu diesem Zweck könnte mittels freiwilliger Betriebsvereinbarung nach § 88 BetrVG oder auf Basis eines Tarifvertrages ein paritätisch besetztes Gremium geschaffen werden, das sich aus Vertreter*innen der Arbeitgeber- und Arbeitnehmerseite zusammensetzt (Due Diligence Komitee). In diesem Rahmen könnten die zentralen Fragen der Implementierung der Sorgfaltspflichten im Unternehmen bzw. im Konzern bearbeitet, die Priorisierungen im Rahmen der Risikoanalyse vorgenommen, eingegangene Beschwerden ausgewertet sowie Präventions- und Abhilfemaßnahmen festgelegt werden. Auch der Entwurf des zu erstellenden Jahresberichts könnte in diesem Rahmen verfasst werden, das Komitee würde zudem die unternehmensseitige Website zur Erfüllung der Sorgfaltspflichten verantworten. Das paritätisch besetzte Komitee wäre somit das zentrale Gremium zur Umsetzung der Pflichten des LkSG. Der Vorsitz wäre von der/dem Menschrechtsbeauftragten zu führen, der/die für die operative Verwirklichung der Sorgfaltspflichten im Unternehmen verantwortlich ist. Um dieser Verantwortung gerecht zu werden, sollte der/die Vorsitzende doppeltes Stimmrecht bei Entscheidungen haben, das Prozedere könnte dem der Einigungsstelle entsprechen. Es wäre zudem ein Notfallplan zu entwickeln, um in herausfordernden Situationen angemessen und ad hoc handeln zu können. Dieser sollte einen Katalog möglicher Abhilfemaßnahmen beinhalten. Werden Probleme in der Lieferkette identifiziert, so könnte eine Task Force einberufen werden, die ebenfalls paritätisch zu besetzen wäre. Je nach Region, aus der die Risiko- bzw. Rechtsverletzungen stammen, sollten zusätzlich zu den internen, auch Arbeitnehmervertreter*innen von Gewerkschaften aus dem betreffenden Land oder, falls nicht vorhanden, Vertreter*innen der sektoralen globalen Gewerkschaftsföderation in die Task Force berufen werden können. Es empfiehlt sich ferner zu regeln, inwieweit das Gremium eigenständig Auskünfte (ggfs. auch im Ausland) über die Einhaltung des LkSG einholen kann. Das Due Diligence Komitee gibt seine Erkenntnisse periodisch an die zuständigen Gremien beider Seiten weiter. Auf Arbeitgeberseite ist dies die Compliance-Abteilung, arbeitnehmerseitig wären GBR bzw. KBR, EBR und Weltbetriebsrat (WBR,[330] soweit vorhanden) zu informieren. Gleiches gilt für die Mitglieder beider Seiten in dem für die Überwachung des Risikomanagements zuständigen Prüfungsausschuss des Aufsichtsrates, dem das paritätisch besetzte Komitee Vorschläge zur Prävention sowie im Bedarfsfall zur Abhilfe, zukommen lassen würde. Die Tätigkeit des Due Diligence Komitees darf jedoch die gesetzlich vorgesehenen Beteiligungsrechte des Betriebsrates nicht aushebeln, insoweit wäre eine Verzahnung mit den Gremien notwendig.

---

330 Hierbei handelt es sich um ein weltweites Gremium von Arbeitnehmervertreter*innen, dass sich an dem Muster des EBR orientiert und auf freiwilliger Basis mit dem Arbeitgeber vereinbart wird. Z.T. wird eine andere Terminologie verwendet, wie bspw. Welt-Arbeitnehmer-Forum (World Employee Forum) oder Weltkonzernbetriebsrat.

Es wäre zudem möglich, das aufzubauende Beschwerdesystem in die Arbeit des Komitees zu integrieren und Onlinebeschwerden über die durch dieses zu betreuende Website laufen zu lassen. In diesem Fall empfiehlt sich ein Tarifvertrag als Grundlage für die Arbeit des Komitees, da darin für den/die Beschwerdebeauftragte/n ein Schutz vor Maßregelung und Kündigung vereinbart werden könnte, gleiches gilt für die/den Beschwerdebeauftragte/n. Durch einen solchen Schutz wäre die erforderliche Unabhängigkeit gewahrt und eine unternehmensinterne Lösung möglich.

4. Beteiligung des Europäischen Betriebsrates

Europäische Betriebsräte (EBRs) wurden gem. § 1 Abs. 1 EBRG „zur Stärkung des Rechts auf grenzüberschreitende Unterrichtung und Anhörung" geschaffen. Sie sind in grenzüberschreitenden Angelegenheiten zu informieren und konsultieren, sofern in der EU tätige Unternehmen (bzw. Konzerne) insgesamt oder zumindest Betriebe/Unternehmen aus zwei Ländern betroffen sind, § 1 Abs. 2 EBRG.[331] Als grenzüberschreitendem Gremium kommt dem EBR eine wichtige Rolle in den transnationalen Aspekten der im LkSG normierten Sorgfaltspflichten zu. Zwar hat der Gesetzgeber den Katalog der Themen aus § 29 Abs. 2 EBRG, über die der EBR in jedem Fall zu informieren ist, im Zuge der Schaffung des LkSG nicht erweitert. Anders als beim Wirtschaftsausschuss wurden Informationen über „Fragen der unternehmerischen Sorgfaltspflichten in Lieferketten gemäß dem LkSG" nicht in den Themenkatalog aufgenommen, dieser ist jedoch nicht abschließend.[332] Gem. § 29 Abs. 1 EBRG bezieht sich die Pflicht der zentralen Leitung zur Unterrichtung und Anhörung des EBR auf Perspektiven des unionsweit tätigen Unternehmens, hierunter lassen sich auch Fragen der unternehmerischen Sorgfaltspflichten nach dem LkSG fassen. Insoweit ist der EBRG mit dem Wirtschaftsausschuss vergleichbar,[333] anders als dieser ist er jedoch kein Hilfsorgan des Betriebsrates, sondern ein eigenständiges, grenzüberschreitendes Vertretungsgremium.

Die zentrale Unternehmens- bzw. Konzernleitung hat den EBR gem. § 29 Abs. 1 EBRG mindestens einmal pro Kalenderjahr über die nach dem EBRG (oder der EBR-Gründungsvereinbarung) relevanten Themen zu informieren, „unter rechtzeitiger Vorlage der erforderlichen Unterlagen". Werden die Informationen übermittelt, nachdem im betreffenden Unternehmensorgan bereits die Entscheidung gefallen ist, so kommt die Information verspätet.[334] Dieses erfolgt nach den Vorgaben der EBR-RL 2009/38/EG „auf der Grundlage eines

---

331 Vgl. vertiefend: BHKC-Blanke/Kunz, Einleitung-EBRG, Rn. 2 ff.
332 BHKC-Blanke/Hayen, § 29 EBRG, Rn. 9; 13; DKW-Bachner/Deinert, § 29 EBRG Rn. 4.
333 DKW-Bachner/Deinert, § 29 EBRG Rn. 4.
334 BHKC-Blanke/Hayen, § 29 EBRG Rn. 10.

von der zentralen Leitung vorgelegten Berichts", Anhang I (Subsidiäre Vorschriften), Nr. 2 S. 1. Bei Unternehmen mit Sitz in Deutschland, auf die das EBRG anwendbar ist, hat der vorzulegende Bericht folglich ab 01.01.2023 Informationen zur Erfüllung der Sorgfaltspflichten nach dem LkSG in Bezug auf europaweite Wertschöpfungsketten zu umfassen. Nach Sichtung der Unterlagen durch den EBR schließt sich eine Konsultation mit dem Arbeitgeber an.

Zu den vorzulegenden Unterlagen gehören aufgrund des grenzüberschreitenden Bezuges die Grundsatzerklärung nach § 6 Abs. 2 LkSG, gleiches gilt für die Menschenrechtsstrategie des eigenen Geschäftsbereiches. Da auch die internen und externen Verhaltensvorschriften für das Risikomanagement in einem europaweit tätigen Unternehmen europaweite Komponenten aufweisen werden, sind auch sie dem EBR zu übermitteln, gleiches gilt für die festzulegenden Kriterien der Risikoanalyse, auch diese sind dem EBR bereits in der Planungsphase zu übermitteln. Da Beschwerden auch aus anderen europäischen Ländern eingereicht werden können, hat der EBR ferner Anspruch auf Informationen über Details zum geplanten Beschwerdeverfahren. Nach Installation des Risikomanagements, ist das Gremium zudem über die Ergebnisse der Risikoanalyse nach § 5, über die getroffenen Präventions- (§ 6) bzw. Abhilfemaßnahmen (§ 7) sowie die eingegangenen Beschwerden aus europäischen Ländern zu informieren. Zudem hat der EBR Anspruch auf Einsicht in die interne Dokumentation nach § 10 Abs. 1.

Bereits jetzt sind Europäische Betriebsräte aus Unternehmen mit Stammsitz in Deutschland mit den deutschen Mitbestimmungsakteuren GBR bzw. KBR im Austausch, teilweise auch mit dem Wirtschaftsausschuss,[335] zumal es in der Regel eine personelle Überschneidung gibt. Diese Kommunikation sollte um die Thematik der unternehmerischen Sorgfalt erweitert werden. Der EBR kann zudem Vorschläge zur Ergänzung der Kriterien der Risikoanalyse formulieren, gleiches gilt für Abhilfemaßnahmen bei drohenden Risiken bzw. festgestellten Verstößen. Diese können der zentralen Leitung im Rahmen der Konsultation übermittelt werden, zusätzlich empfiehlt sich eine Weitergabe an die deutschen Mitbestimmungsakteure. Wird in dem Unternehmen (Konzern) ein Due Diligence Komitee eingerichtet, so sollte eine/r der deutschen EBR-Delegierten ebenfalls einen Sitz in dem Komitee haben.

Zwar weisen weder die EBR-RL noch nationale Umsetzungsgesetze Europäischen Betriebsräten explizit die Kompetenz zu, EBR-Vereinbarungen zu verschiedenen Themen mit der zentralen Leitung abzuschließen. Es ist daher umstritten, ob EBRs über den Abschluss ihrer Gründungsvereinbarungen hinaus

---

335   Zimmer, AiB 4/2005, 207 ff.

rechtlich zum Abschluss von Vereinbarungen mit der zentralen Leitung befugt sind.[336] Aufgrund der verhandlungsorientierten Konzeption der EBR-RL sprechen gute Gründe dafür, zumindest in einem Rahmen, der nicht mit der Tarifautonomie kollidiert und die Rechte von Gewerkschaften nicht beeinträchtigt, eine Verhandlungs- und Abschlusskompetenz Europäischer Betriebsräte aus der EBR-RL abzuleiten. Mindestens für Vereinbarungen, die sich mit Projekten oder Kompetenzen des EBR beschäftigen und nicht mit den Rechten nationaler Gewerkschaften kollidieren, kann nach hiesiger Auffassung eine Kompetenz Europäischer Betriebsräte zum Abschluss von Vereinbarungen bejaht werden.[337] Jenseits der Frage rechtlicher Grundlagen hat sich eine vielfältige Praxis entwickelt und EBRs haben zahlreiche Vereinbarungen zu unterschiedlichen Themen abgeschlossen.[338] Solch „beteiligungsorientierte" EBRs, die eine intensive Konsultationspraxis mit der zentralen Leitung entwickelt haben und vom Management als Verhandlungspartner wahrgenommen werden,[339] könnten auch den Abschluss eine Due-Diligence-Vereinbarung mit der zentralen Leitung anstreben. Um Konflikte mit den Europäischen Gewerkschaftsföderationen zu vermeiden, bietet es sich an, dass EBRs nur mit Mandat der Europäischen Föderationen tätig werden, ein weiteres Mandat deutscher Gewerkschaften kann zudem der Vermeidung von Kollisionen mit innerstaatlichen Akteur*innen dienen.[340]

5. Beteiligung des Weltkonzernbetriebsrates

Angesichts der zunehmenden Internationalisierung der Wirtschaft wurde in einigen Großkonzernen bereits vor geraumer Zeit damit begonnen, arbeitnehmerseitige Beteiligungsgremien mit weltweitem Zuständigkeitsbereich zu schaffen, in der Regel über eine entsprechende Erweiterung des EBR. Mangels entsprechender gesetzlicher Bestimmungen erfolgt die Errichtung von Weltkonzernbetriebsräten (WKBR) als internationales Gremium des unternehmensbezogenen sozialen Dialoges entweder mittels Vereinbarung oder auf-

---

336 Zur Debatte siehe: Zimmer, EYIEL 2019, 167 (176 ff.).

337 Zimmer, EuZA 4/2013, 459 (463, 466 u. 468 ff.) m.w.N.

338 Zimmer, EuZA 4/2013, 459 (461 ff.); Zimmer (2013b), S. 133 (140 ff.); vgl. zudem die Auflistung sämtlicher transnationaler Vereinbarungen auf der Website der EU-Kommission, die jedoch neben europäischen auch Vereinbarungen mit globalem Anwendungsbereich erhält: https://ec.europa.eu/social/main.jsp?catId=978 (10.11.2022).

339 Zimmer, EuZA 4/2013, 459 (462); Zimmer (2013b), 133 (140 ff.).

340 Bereits 1996 verabschiedete der Vorläufer von IndustriAll Europe (der Europäische Metallgewerkschaftsbund, EMB) verbindliche Leitlinien zum Verfahren in Bezug auf den Abschluss europäischer Vereinbarungen durch EBRs, 2006 erarbeitete der EMB ein Mandatierungsverfahren für die Verhandlung europäischer Unternehmensvereinbarungen, das später auch von den anderen Branchenföderationen übernommen wurde.

grund einer entsprechenden arbeitgeberseitigen Entscheidung.[341] Den Anfang machte Danone, wo bereits 1981 ein „Weltkonzernbetriebsausschuss" eingerichtet wurde, der sich allerdings letztlich nur als Erweiterung des EBRs mit begrenzten Rechten etablierte.[342] 1986 folgte VW mit der Errichtung eines WKBR basierend auf einer Vereinbarung zwischen EBR und Management. In dem Gremium sind neben den Mitgliedern des EBR und des deutschen KBR auch Arbeitnehmervertreter*innen der Standorte in Südafrika, den USA und Asien vertreten,[343] weitere Unternehmen folgten.[344] Bei dem französischen Telekommunikationsunternehmen Orange wurde 2010 ein WKBR eingerichtet, ebenfalls basierend auf einer Vereinbarung mit dem Management. Dieses Gremium ist für alle Standorte weltweit zuständig, die mehr als 400 Beschäftigte haben.[345] Auch für die belgische Chemiegruppe Solvay wurde mit dem „Global Forum" ein WKBR geschaffen, dem neben vier EBR-Mitgliedern noch vier Gewerkschafter*innen aus Brasilien, China, Südkorea und den USA angehören.[346] Bei der schwedischen SKF-Gruppe wurde mit dem World Union Council ein Welt-Gewerkschaftsgremium aufgebaut, das sich regelmäßig zu Konsultationen mit dem Management trifft.[347] Eine weltweite Vernetzung von Arbeitnehmervertreter*innen findet sich zudem bei etlichen weiteren Konzernen, ohne dass ein WKBR aufgebaut wurde, so bspw. bei Nestlé.[348] In einigen Konzernen wurde kein neues Gremium eingerichtet, sondern außereuropäische Delegierte in den EBR aufgenommen, wie bspw. bei Renault.[349]

In Bezug auf die Umsetzung des LkSG bietet sich eine Beteiligung bei der vertieften Risikoprüfung nach § 5 LkSG an, auch sollte das Gremium über die Ergebnisse informiert werden und Einsicht in die interne Dokumentation erhalten. Gleiches gilt für die getroffenen Präventions- (§ 6) bzw. Abhilfemaßnah-

---

341 Rüb, Weltbetriebsräte und andere Formen weltweiter Arbeitnehmervertretungsstrukturen in transnationalen Konzernen, 2000, S. 9 ff.; Eurofound, Global Works Councils, online: https://www.eurofound.europa.eu/observatories/eurwork/industrial-relations-dictionary/global-works-council (03.11.2022).

342 Rüb, Weltbetriebsräte und andere Formen weltweiter Arbeitnehmervertretungsstrukturen in transnationalen Konzernen, 2000, S. 16.

343 Vgl. Roch (2009), Der Weltkonzernbetriebsrat von Volkswagen.

344 Siehe Auflistung bei Rüb: Weltbetriebsräte und andere Formen weltweiter Arbeitnehmervertretungsstrukturen in transnationalen Konzernen, 2000, S. 22.

345 Eurofound, Global Works Councils, online: https://www.eurofound.europa.eu/observatories/eurwork/industrial-relations-dictionary/global-works-council (03.11.2022).

346 2017 wurde mittels Vereinbarung eine formelle Grundlage für das Gremium gelegt, vgl. Eurofound, Global Works Councils, online: https://www.eurofound.europa.eu/observatories/eurwork/industrial-relations-dictionary/global-works-council (03.11.2022).

347 Https://www.industriall-union.org/skf-world-union-council-meets-with-top-management (03.11.2022).

348 Rüb, Weltbetriebsräte und andere Formen weltweiter Arbeitnehmervertretungsstrukturen in transnationalen Konzernen, 2000, S. 14 ff.

349 Eurofound, Global Works Councils, online: https://www.eurofound.europa.eu/observatories/eurwork/industrial-relations-dictionary/global-works-council (03.11.2022).

men (§ 7) sowie die eingegangenen Beschwerden (§ 8). Da einige Gremien einem erweiterten EBR entsprechen, wird auf die o.g. Ausführungen zur Beteiligung EBR verwiesen. Bei den weltweit agierenden Gremien ist zudem in der Regel eine starke Beteiligung der globalen Gewerkschaftsföderationen gegeben, sodass auf die entsprechenden Ausführungen verwiesen werden kann (siehe unter F. II.).

IV. Fazit zu den Handlungsmöglichkeiten der Mitbestimmungsakteure

Es bleibt festzuhalten, dass die Umsetzung des LkSG durchaus ein Thema für Betriebsräte und arbeitnehmerseitige Mitglieder im Aufsichtsrat ist, auch wenn der Gesetzgeber dieses kaum explizit festgeschrieben hat. Betriebsräte können sich mit diesem aktuellen Thema positionieren und versuchen, dadurch ihren Handlungsspielraum zu erweitern. Arbeitgeberseitig dürfte, nicht zuletzt aufgrund der hohen möglichen Strafen, ein großes Interesse an einer gesetzeskonformen Implementierung der Pflichten des LkSG bestehen, was Optionen für einvernehmliche Lösungen der Sozialpartner eröffnet. Sollte sich herausstellen, dass der Arbeitgeber seinen Pflichten nicht nachkommt, bleibt angesichts der begrenzten gesetzlichen Durchsetzungsmöglichkeiten nur die Information des Bundesamts für Wirtschaft und Ausfuhrkontrolle (s.o. unter C., S. 51 f.) oder der Gang an die Öffentlichkeit. Mit Gewerkschaften und NGOs stehen dafür Bündnispartner bereit.

F. Rolle der Gewerkschaften

Gewerkschaften können sich auf vielfältige Art und Weise als Akteure zur Durchsetzung der Due Diligence Verpflichtungen von Unternehmen und zur Sicherung sozialer Mindeststandards entlang der Wertschöpfungskette einbringen.

I. Gewerkschaften in Deutschland

Neben bzw. in Kooperation mit anderen Akteur*innen der Zivilgesellschaft wie NGOs haben insbesondere auch Gewerkschaften eine wichtige Rolle eingenommen, um die Einführung eines Lieferkettensorgfaltspflichtengesetzes zu erreichen.[350] Der Gesetzgeber hat Gewerkschaften in Deutschland mit dem LkSG allerdings keine explizite Rolle zugewiesen. Zwar weist die Gesetzesbegründung an verschiedenen Stellen auf Konsultationen mit Arbeitnehmervertreter*innen als mögliche Option hin, dieses wird jedoch nicht näher spezifiziert.[351]

Lediglich § 11 Abs. 1 LkSG bezieht sich direkt auf Gewerkschaften. Diesen kommt – neben NGOs – eine besondere Rolle bei der Rechtsdurchsetzung zu. So können Gewerkschaften von Betroffenen zur Prozessführung in Deutschland ermächtigt werden, was insbesondere für Betroffene aus dem Ausland von Bedeutung sein könnte, da diese weder über die Kenntnisse noch über die finanziellen Mittel verfügen, um eine Klage in Deutschland gegen ein deutsches Unternehmen zu führen, wenn grundlegende Arbeitsrechte verletzt werden. § 11 Abs. 1 normiert die Befugnis zur Prozessführung im eigenen Namen kraft gesetzlicher Ermächtigung, die sich auf „überragend wichtige Rechtsposition aus § 2 Abs. 1" bezieht, sodass lediglich die Verletzung von Menschenrechten geltend gemacht werden kann, für Umweltrechtsverletzungen ist keine besondere Prozessstandschaft vorgesehen.[352]

Voraussetzung für die Ausübung der Prozessstandschaft ist eine wirksame Ermächtigung durch die geschädigte Person.[353] Die zu beauftragende Gewerkschaft oder NGO muss zudem „eine auf Dauer angelegte eigene Präsenz unter-

---

350 Siehe: https://www.dgb.de/lieferkettengesetz; https://www.dgb.de/presse/++co++3934c244-bfa2-11eb-9793-001a4a160123; https://lieferkettengesetz.de (24.09.2022).

351 Vgl. u.a. BT-Drs. 19/28649, 44.

352 Grabosch-Engel, § 7 Rn 4.

353 BT-Drs. 19/28649, S. 51.

halten" und sich gemäß ihrer Satzung „nicht gewerbsmäßig und nicht nur vorübergehend" dafür einsetzen, „die Menschenrechte oder entsprechende Rechte im nationalen Recht (...) zu realisieren". Die klageführende Gewerkschaft ist als Prozessstandschafterin dann Partei des Rechtsstreits, die geschädigte Person gilt im Prozess als Dritte und kann ggfs. Zeug*in sein.[354] Ohne eine solche gesetzliche Bestimmung wäre nur eine gewillkürte Prozessstandschaft möglich, bei der die Befugnis zur Prozessführung in eigenem Namen kraft Rechtsgeschäft übertragen wird, wobei ein schutzwürdiges Eigeninteresse des Ermächtigten an der Prozessführung im eigenen Namen nachzuweisen ist,[355] was bei der Verletzung von Arbeitsrechten einer Arbeiterin aus Bangladesch, welche bspw. die IG Metall mit der Prozessführung beauftragt, nicht gegeben wäre. Diese Voraussetzung entfällt durch § 11 LkSG, da das eigene, schutzwürdige Interesse des Prozessstandschafters an der Prozessführung nunmehr gesetzlich verankert ist[356] (siehe vertiefend oben S. 54). Ob eine Gewerkschaft, die sich in erster Linie über die eigenen Mitglieder definiert und durch diese legitimiert ist, eine solche Prozessführung für ein Nichtmitglied übernehmen möchte, wird sich zeigen und sicher nur im Einzelfall gegeben sein, wenn die Prozessführung von besonderem strategischen Interesse wäre.[357]

Auch ohne explizites gesetzliches Mandat können Gewerkschaften sich jedoch an weiteren Punkten in die Umsetzung des LkSG einbringen. Ihnen kommt einerseits über ihre Betriebsbeauftragten eine wichtige Rolle bei der Unterstützung der Mitbestimmungsakteure in Betrieb und Unternehmen bei der Wahrnehmung ihrer Aufgaben zur Durchsetzung des LkSG zu. Im Rahmen des sozialen Dialoges können Gewerkschaften zudem anmahnen, die Lieferkette auch tatsächlich offenzulegen und den nach § 10 Abs. 2 auf der Website zu veröffentlichenden Bericht über die Erfüllung der Sorgfaltspflichten auch tatsächlich online zu stellen bzw. diesen aussagekräftig zu verfassen (siehe oben, S. 49). Auch Gewerkschaften, bzw. ihre Hauptamtlichen, können den Beschwerdemechanismus des LkSG nutzen, um auf bestehende Risiken oder Rechtsverletzungen hinzuweisen (zum Beschwerdemechanismus, siehe oben S. 44 ff.).

Kommt ein Unternehmen seinen Sorgfaltspflichten nicht nach, ist zudem eine Skandalisierung in Kooperation mit anderen Akteur*innen möglich. Mit dem Thema der Umsetzung von Sorgfaltspflichten entlang der Wertschöpfungsket-

---

354 Musielak/Voigt, § 51 ZPO Rn. 24.
355 Musielak/Voigt, § 51 ZPO Rn. 27.
356 Grabosch-Engel, § 7 Rn. 3; Wagner, ZIP 2021, 1095 (1101).
357 Die Gewerkschaft würde dabei für eine ordnungsgemäße Prozessführung haften, ähnlich wie eine Rechtsanwält*in, die als Prozessbeistand eingesetzt wird.

ten ist eine Vielzahl an NGOs befasst, mit denen von Gewerkschaftsseite bislang in erster Linie der DGB kooperiert.[358] Diese kommen als potenzielle Bündnispartner auch für die Einzelgewerkschaften in Frage. Gewerkschaften haben darüber hinaus die Möglichkeit, das Bundesamt für Wirtschaft und Ausfuhrkontrolle als zuständige Behörde über die Nichteinhaltung der Verpflichtungen aus dem LkSG durch einzelne Unternehmen zu informieren (siehe unter C., S. 51 ff.).

Vor allem aber kann die Umsetzung sämtlicher Umsetzungsmaßnahmen zur Erfüllung der unternehmerischen Sorgfaltspflichten auch tarifvertraglich geregelt werden. Nach hiesiger Auffassung sind auch Tarifverträge, die unternehmerische Entscheidungen berühren, von der in Art. 9 Abs. 3 GG normierten Tarifautonomie erfasst.[359] So kann bspw. die freiwillige Einrichtung eines Due-Diligence-Komitees tarifvertraglich abgesichert werden. Auch die Tarifierung einzelner Bausteine ist möglich, so können bspw. Beschwerdemechanismen tarifvertraglich geregelt werden, was sich insbesondere bei überbetrieblichen Beschwerdesystemen anbietet. Soll ein innerbetriebliches Beschwerdesystem aufgebaut werden, so wäre es bspw. möglich, in einem Haustarifvertrag für den/die Beschwerdebeauftragte/n Schutz vor Maßregelung und Kündigung zu vereinbaren. Durch einen solchen Schutz wäre die erforderliche Unabhängigkeit gewahrt und eine unternehmensinterne Lösung möglich. Beschwerdesysteme oder andere Maßnahmen zur Umsetzung von Due-Diligence-Maßnahmen können jedoch auch in einer globalen Kollektivvereinbarung, mithin in einem internationalen Rahmenabkommen (auf Englisch und im Folgenden: IFA) vereinbart werden, wie Beispiele zeigen. Dieses erfolgt nicht selten unter Beteiligung der Gewerkschaft aus dem Land des Unternehmens-Stammsitzes.

II. Globale Gewerkschaftsföderationen

Als sich die negativen Auswirkungen der Globalisierung Ende der 1980er-Jahre stärker abzeichneten, begannen die globalen Gewerkschaftsföderationen (engl.: Global Union Federations, im Folgenden: GUF) zur Sicherung sozialer Mindeststandards globale Vereinbarungen mit transnationalen Unternehmen zu vereinbaren. Diese haben einerseits zum Ziel, Arbeitsrechte in einer internationalisierten Ökonomie zu verteidigen, zudem soll ein Gegengewicht zur

---

358 So ist im Textilbündnis neben dem DGB bspw. lediglich die IGM aktiv, vgl. https://www.textilbuendnis.com/uebersicht/#formanchor (30.08.2022).

359 Umfassend: Däubler, Tarifverträge zur Unternehmenspolitik? Rechtliche Zulässigkeit und faktische Bedeutung (2016), S. 26 ff.

Macht transnationaler Konzerne aufgebaut werden.[360] Die Abkommen setzen einen Rahmen für die industriellen Beziehungen in den einzelnen Ländern und werden daher als internationale Rahmenabkommen (engl.: International Framework Agreements, im Folgenden: IFAs)[361] bezeichnet.[362] Einige der vereinbarten IFAs enthalten bereits Bestimmungen über ähnliche Elemente, wie sie der deutsche Gesetzgeber zur Umsetzung unternehmerischer Verantwortung entlang der Wertschöpfungsketten festgelegt hat. Diese Instrumente können daher die unternehmensseitigen Maßnahmen zur Umsetzung der Verpflichtungen des LkSG ergänzen.

1. Internationale Rahmenabkommen als Instrumente zur Sicherung sozialer Standards

Mittlerweile lassen sich mehr als 180 internationale Rahmenabkommen aus allen Branchen identifizieren,[363] die meisten wurden mit Unternehmen oder Konzernen aus der Metall- und Elektroindustrie (einschließlich Automotive) von der globalen Föderation IndustriALL abgeschlossen. Die globalen Gewerkschaftsföderationen verfügen somit über eine jahrzehntelange Praxis zur Sicherung zentraler international anerkannter Menschen- und Arbeitsrechte entlang der Wertschöpfungskette,[364] was der handlungsleitenden Motivation des deutschen Gesetzgebers entspricht, auch wenn mit dem Abschluss von IFAs eigene Interessen und kollektivrechtliche Elemente umgesetzt werden. So kommen internationale Rahmenabkommen im Unterschied zu unilateralen CSR-Instrumenten über den Verhandlungsweg zustande.[365] Durch den Abschluss eines solchen Abkommens wird die GUF als Verhandlungspartner akzeptiert und damit auf globaler Ebene ein langfristiges Verhältnis zwischen Gewerkschaft und transnationalem Unternehmen geschaffen.[366] Das Aushandeln der Abkommen wird zumindest von der zuständigen GUF geleitet, die das IFA auch unterzeichnet, wobei oftmals Gewerkschaften aus dem Land des Stammsitzes beteiligt sind, in Deutschland zum Teil auch der KBR. Vereinbart werden Rechte, die im Wesentlichen auf ILO-Standards basieren, die Abkommen enthalten zudem einen Mechanismus zur Überwachung der Umset-

---

360 Platzer/Müller, Die globalen und europäischen Gewerkschaftsverbände (2009), S. 131 ff.; HBS-Policy-Brief 2/2019, S. 3.

361 Die Vereinbarungen werden z.T. auch als Globale Rahmenvereinbarungen bezeichnet.

362 Zimmer, Das indonesische Freedom of Association Protocol, HBS-WP Nr. 221, S. 7.

363 Eigene Auflistung. Die Abkommen sind i.d.R. auf der Website der jeweiligen GUF abrufbar.

364 Vgl. Stiftung Arbeit und Umwelt der IG BCE (2019), Verantwortung in Liefer- und Wertschöpfungsketten: Globale Rahmenvereinbarungen, S. 16 ff.

365 Krause, CLLPJ 2012, 749 (750).

366 Drouin (2015), S. 222; Miller 2004, 216; Thomas, LSJ 2/2011, 269 (274); Zimmer, FoA-Protocol (2020), S. 12.

zung.[367] Oftmals werden die in einem ersten Rahmenabkommen festgelegten Prinzipien in einer späteren Vereinbarung überarbeitet und nicht selten neue Themen aufgenommen, sodass sich der Rahmen mit der Zeit erweitert.[368] Die Abkommen haben sich daher inhaltlich mit der Zeit verändert.

In der ersten Anfangsphase galten sie zumeist nur für eigene Standorte des Konzernes, spätere Abkommen hingegen enthalten in der Regel eine Zulieferklausel,[369] über die zumindest alle direkten Vertragspartner in den Anwendungsbereich einbezogen sind. Allerdings sind die Zulieferklauseln nicht immer bindend, oftmals enthalten sie lediglich die Verpflichtung, Vertragspartner über das IFA zu „informieren" oder zur Einhaltung zu „ermutigen". Beispiele für solch eine Wortwahl finden sich bspw. in den IFAs mit BMW, Carrefour,[370] Euradius, GEA, Röchling, IKEA,[371] Leoni, Lukoil, Norske Skogindustrier, Rheinmetall, Telefónica, SCA, Skanska, Statoil, Umicore und VW.[372] In einigen sehr frühen Abkommen wird die Problematik von Arbeitsrechtsverletzungen entlang der Lieferkette nicht einmal thematisiert, so bspw. in den Abkommen mit AngloGold, Arcelor, Bosch, Danone, Endesa, Eni, Faber-Castell, Fonterra,[373] H&M, Lafarge, NAG, Prym, RAG, SKF und WAZ. Die Debatten über die Notwendigkeit der Sicherung sozialer Standards entlang der gesamten Wertschöpfungskette wurden jedoch auch von den GUFs mit den Jahren intensiviert, sodass es bei neueren Abkommen immer öfter gelang, die Lieferkette verbindlich einzubeziehen. Ein gutes Beispiel ist das 2019 zwischen IndustriAll Global Union und Renault überarbeitete IFA, welches das Ursprungsabkommen von 2013 ergänzt. Hier ist die Einhaltung der Inhalte des Abkommens Voraussetzung für vertragliche Beziehungen, gleiches gilt für das 2021 mit Daimler erweiterte oder das mit TK Elevator 2022 vereinbarte IFA. Allerdings werden Subunternehmer noch nicht sehr häufig in den Anwendungsbereich der Abkommen einbezogen, Positivbeispiele sind die IFAs zwischen IndustriALL und Tchibo oder zwischen UNI Global Union und ABN AMRO. In dem 2019 von IndustriALL mit ENI erneuertem IFA wird die Einhaltung der Bestimmungen des IFAs zum Vertragsbestandteil der Zulieferverträge, die ihrerseits zusichern müssen, dass die Standards auch von Subun-

---

367 Zimmer, § 8 (Internationale Rahmenabkommen), in: Schlachter/Heuschmid/Ulber, Arbeitsvölkerrecht, 2019, Rn. 1.

368 Zimmer, From International Framework Agreements towards transnational Collective Bargaining? EYIEL 2019, 167 (169).

369 Zimmer, § 8 (Internationale Rahmenvereinbarungen), in: Schlachter/Heuschmid/Ulber, Arbeitsvölkerrecht, 2019, Rn. 2.

370 In dem IFA zwischen UNI und Carrefour wird immerhin schon aufgeführt, dass eine Anwendung auch auf Zulieferer (zumindest) beabsichtigt ist.

371 Zulieferer von IKEA sollen dahingehend „beeinflusst" und „unterstützt" werden and, die im Code of Conduct niedergelegten Prinzipien einzuhalten, auf die das IFA Bezug nimmt.

372 Zimmer, FoA Protocol (2020), S. 15.

373 Wobei Joint-Venture-Partner zu informieren sind.

ternehmern eingehalten werden, ähnlich das IFA mit der PSA-Gruppe, welches 2017 überarbeitet wurde.

2. Umsetzungsmechanismen internationaler Rahmenabkommen[374]

Wie bereits zum LkSG herausgearbeitet, sind Regelungen zur Umsetzung und Überwachung von zentraler Bedeutung für die Effektivität eines Systems, das gilt auch für internationale Rahmenabkommen. Ein wichtiger Faktor für die Umsetzung ist, dass die Beschäftigten weltweit über den Inhalt des Abkommens informiert sind. Die meisten IFAs sehen daher vor, dass die Bestimmungen des Abkommens in die Landessprachen übersetzt und die Beschäftigten darüber informiert werden. Wie die Untersuchung zur Umsetzung eines speziellen Abkommens in Indonesien zeigt, lässt sich die Effektivität noch deutlich steigern, wenn bspw. Schulungsmaßnahmen vorgesehen sind,[375] wie es auch in den Guidelines von IndustriAll für den Abschluss globaler Abkommen empfohlen wird. In einigen Abkommen jüngeren Datums sind solche Schulungs- und Bildungsmaßnahmen für die lokalen Gewerkschaften und die Personalabteilungen bereits vorgesehen,[376] wie bspw. in den IFAs mit BESIX (2017), Esprit (2018), Renault (2019), Lukoil (2018) oder UniCredit (2019).

In der Regel kommen die Parteien periodisch oder bei Bedarf zusammen, um Informationen über die Umsetzung des IFAs auszutauschen. Oftmals ist ein paritätisch besetztes Forum für die Umsetzung zuständig, in dem sich Vertreter*innen von Management und GUFs jährlich treffen, manchmal unter Beteiligung von GewerkschafterInnen aus dem Land des Stammsitzes des Unternehmens/Konzerns,[377] so bspw. vereinbart in den IFAs mit ABN AMRO, Aker, Ballast Nedam, BESIX, Chiquita, Daimler, EDF, Endesa, Eni, Fonterra, Freudenberg, Impregilo, Norske Skogindustrier, Lukoil, OTE, Portugal Telecom, RAG, Renault, SCA, Schwan-Stabilo, Siemens, Solvay, Statoil, Staedtler, Telefónica, ThyssenKrupp, TK Elevator, Veidecke u.a. In einigen IFAs wurden sogar zwei Treffen des Gremiums pro Jahr vereinbart (Chiquita, Endesa, Esprit, France Telecom, IKEA und Unilever).

---

374 Teile dieses Abschnittes basieren auf Zimmer, FoA-Protocol (2020), S. 16–20, ergänzt um aktuellere Informationen.

375 Zimmer, FoA Protocol (2021), S. 17.

376 Hadwiger 2017, S. 409 ff.; Stiftung Arbeit und Umwelt der IG BCE (2019), Verantwortung in Liefer- und Wertschöpfungsketten: Globale Rahmenvereinbarungen, S. 18 f.

377 Hammer 2008, S. 89 u. 102; Zimmer IOLR 2020, 178 (187).

In einigen Fällen ist zusätzlich eine Teilnahme von Delegierten des EBR oder des KBR bzw. GBR aus dem Land des Stammsitzes vorgesehen,[378] wie in den IFAs mit Air France, Aker, BESIX, BNP Paribas, Euradius, SCA, Siemens, Skanska, Staedtler, Triumph International, ThyssenKrupp, TK Elevator oder Umicore vereinbart, um nur einige zu nennen. Delegierte von Gewerkschaften aus den Produktionsländern des globalen Südens sind kaum auf diesen Sitzungen vertreten, dieses sehen lediglich einige wenige IFAs vor (Arcelor-Mittal, Nampak und Waz). Bei Euradius, Staedler und SCA haben Delegierte aus den Produktionsländern zwar keinen regulären Platz, es besteht jedoch auf Anfrage die Möglichkeit der Teilnahme.

In einigen Vereinbarungen ist auch vorgesehen, dass Gewerkschaftsvertreter*innen der wesentlichen geografischen Bereiche an dem Treffen der Monitoringgruppe teilnehmen, so bspw. der Fall in dem IFA mit BNP Paribas, ähnlich die neuen Abkommen mit Renault (2019) und Solvay (2022). Teilweise wird auch das Treffen des EBRs oder des Weltbetriebsrates für das Monitoring der Vereinbarung genutzt,[379] wie vereinbart in den IFAs mit Air France, Bosch, BMW, GEA, Röchling, Leoni, Merloni, Peugeot-Citroën, Prym, Rheinmetall und Securitas, um nur einige zu nennen. Bei BESIX wird das EBR-Treffen zusätzlich zum Treffen der Monitoringgruppe genutzt. Dieses ist insoweit nicht ganz unproblematisch, als EBR-Mitglieder nur ein Mandat für Europa haben und in der Regel auch nicht vertieft über die Probleme in anderen Weltregionen informiert sein dürften. IFAs jüngeren Datums enthalten oftmals detaillierte Vorgaben dazu, wie die Sitzung des Monitoring-Komitees vorzubereiten und durchzuführen ist, so bspw. vereinbart in den IFAs von UNI Global Union mit ABR AMRO und BNP Paribas. Das zwischen IndustriAll und Solvay vereinbarte IFA sieht vor, dass ein Bewertungsdokument mit vereinbarten Indikatoren bei dem jährlichen Review durch Solvay präsentiert wird.

Einige wenige IFAs kodifizieren, dass Verstöße gegen das Abkommen dem Executive Board oder dem Senior Management gemeldet werden, so bspw. bei Hochtief, Veidecke, Bosch und EADS, um nur einige Abkommen zu nennen. Das Monitoring kann auch als Bestandteil der unternehmensinternen Compliance Mechanismen (IKEA) oder der unternehmenseigenen Audit Unit (Daimler, Leoni und Staedler) vorgesehen sein. Im Unterschied zum Monitoring unilateraler Verhaltenskodizes sind kaum Audits durch externe Parteien, wie kommerzielle Auditor*innen, vorgesehen.[380] Insoweit stellt der Fall von Umi-

---

378 Bzw. aus ihrer jeweiligen Entsprechung in anderen Ländern.
379 Welz (2011), A qualitative Analysis of International Framework Agreements: Implementation and Impact, S. 39 f; Zimmer IOLR 2020, 178 (187).
380 Zimmer, IOLR 2020, 178 (188); zu Problemen beim Auditing: Outwaite/Martín-Ortega, Competition & Change 2019, 378 (381 f.).

core eine Ausnahme dar, wo auf dem jährlichen Treffen des Monitoring-Komitees externe Auditor*innen ihren Report über die Einhaltung des Abkommens vorstellen.[381] Auch bei Daimler sollen mittlerweile externe Akteure in das Monitoring mit einbezogen werden, die Umsetzung des IFAs mit Renault soll ebenfalls „unter Beteiligung der lokalen Experten" erfolgen.[382] Das ist jedoch immer noch eine Ausnahme, da das Konzept der Global Unions auf dem Grundgedanken basiert, dass sich die Beschäftigten in GUF-Mitgliedsgewerkschaften organisieren und über diesen direkten Kanal Beschwerden über Verletzungen des IFAs zu dem für das Monitoring zuständigen Gremium gelangen. Einen ähnlichen Ausgangspunkt haben neuere Konzepte eines „Beschäftigten-zentrierten" („worker-centred" oder „worker-driven") Monitoring, bei dem die Beschäftigten selbst eine zentrale Rolle in dem Monitoringprozess spielen, was zu notwendigen Änderungen im Arbeitsprozess führen soll.[383]

Teilweise werden auch Betriebsbesichtigungen durch das Monitoring-Komitee vorgesehen, so wird bei dem Bauunternehmen BESIX jährlich eine Baustelle inspiziert. Bei Solvay wurden in dem Abkommen von 2022 Inspektionen vereinbart, um Probleme des Arbeits- und Gesundheitsschutzes vor Ort zu identifizieren, ähnlich bei TK Elevator. Allerdings ist vielfach bekannt, dass bei angekündigten Inspektionen Missstände kaschiert werden können und Beschäftigte oftmals so eingeschüchtert wurden, dass sie sich nicht trauen, am Arbeitsplatz, also für die Vorgesetzten nachvollziehbar, über Missstände zu berichten.[384] Um eine effektive Umsetzung des IFAs zu gewährleisten, legt ASOS zweimal jährlich die Standorte seiner Zulieferer sowie aller Tochterfirmen gegenüber IndustriAll offen.[385]

Vielfach wurden Beschwerdemechanismen aufgebaut, die dahingehend variieren, wie die Beschwerde eingelegt werden kann und bearbeitet wird, auch die Entscheidungsprozesse können unterschiedlich sein. Unterschiede existieren zudem im Hinblick auf die Evaluierung des gewählten Mechanismus. So können Beschwerden über interne Mechanismen wie Drop-Box, E-Mail, Hotlines oder über die Information von Vorgesetzten, Complaint Officers sowie der Personalabteilung eingelegt werden. Teilweise sind auch externe Mechanismen vorgesehen, wie externe Mailadressen, Hotlines oder Websites.[386] Zum Teil wer-

---

381   Art 5.4 des zwischen IndustriAll und Umicore vereinbarten IFAs von 2014.

382   Art. 6.2 des zwischen IndustriAll und Renault vereinbarten IFAs von 2019.

383   Outwaite/Martín-Ortega, Competition & Change 2019, 378 (386 f.).

384   Zimmer, Soziale Mindeststandards (2008), S. 209 ff.; vgl. zu Problemen beim Auditing: Mock/Turner 2005, IJA, 55 (62 ff.); Terwindt/Saage-Maaß (2016), Liability of Social Auditors in the Textile Industry, S. 4 ff.

385   Stiftung Arbeit und Umwelt der IG BCE (2019), Verantwortung in Liefer- und Wertschöpfungsketten: Globale Rahmenvereinbarungen, S. 33.

386   Zagelmeyer/Bianchi 2018, S. 23 f. und 34 f.

den konkrete Kontaktpersonen benannt, die sowohl von Geschäftspartner*innen und Kund*innen, aber auch durch Beschäftigte kontaktiert werden können, wie bspw. der Fall bei Chiquita, Daimler, Hochtief, Nampak und Quebecor. Hierbei handelt es sich zumeist um interne Kontaktpersonen, das Beschwerdemodell wäre aber auch mit externer Besetzung denkbar, wie mit ThyssenKrupp oder TK Elevator vorgesehen. Zum Teil wird jedoch lediglich vereinbart, dass eine Beschwerdemöglichkeit aufgebaut werden soll, wobei offenbleibt, wie diese ausgestaltet ist, so bspw. in dem IFA mit Esprit.

In der Praxis können oftmals kleine Details der Ausgestaltung einen wesentlichen Unterschied machen. So werden Beschäftigte aus dem globalen Süden eine Hotline in ein Industrieland nicht anwählen, wenn diese nicht kostenfrei ist, auch muss es möglich sein, einen Verstoß in der eigenen Sprache zu melden. Ein beispielhaftes Beschwerdesystem wurde für die weltweiten Beschäftigten von Thyssen-Krupp vereinbart und aufgebaut, die über eine Webseite, per E-Mail oder über die lokale Gewerkschaft Beschwerde einlegen könne, auf Wunsch auch anonym. Ein arbeitgeber- und gewerkschaftsseitig paritätisch besetztes internationales Komitee überwacht den weiteren Prozess und sichtet jede einzelne Beschwerde. Bereits aus dem ersten Jahr nach dem Inkrafttreten[387] sind 17 Fälle aus 10 Ländern dokumentiert. Auch das 2021 zwischen Daimler und IndustriAll erneuerte Abkommen enthält bemerkenswerte Bestimmungen über ein Hinweisgebersystem. Beschwerden können entweder über dieses oder über die Weltarbeitnehmervertretung von Daimler eingelegt werden. Das Beschwerdesystem ist in verschiedenen Sprachen postalisch, per E-Mail oder per Meldeformular über das Internet sowie in einigen Ländern[388] über externe, gebührenfreie Hotlines erreichbar.[389] In Deutschland können sich Hinweisgeber, die anonym bleiben wollen, auch an eine unabhängige Rechtsanwältin wenden, die als neutrale Mittlerin fungiert. Solche lösungsorientierten Strategien sind von ihrer Ausgestaltung her stärker proaktiv[390] und können Mechanismen sinnvoll ergänzen, die sich stärker aus traditionellem Monitoring ableiten.[391]

Die meisten Abkommen beinhalten keinen Streitbeilegungsmechanismus. Eine Untersuchung von 2017 identifiziert lediglich in 10 Prozent aller IFAs einen Mechanismus zur Streitbeilegung, der entweder Mediation oder Schlichtung vorsieht.[392] Nur sehr wenige IFAs sehen eine solche von den Parteien gemeinsam

---

387 Das IFA wurde 2015 von IndustriAll und Thyssen-Krupp unterzeichnet.
388 Hierbei handelt es sich um Brasilien, Japan, Südafrika und die USA.
389 https://group.mercedes-benz.com/unternehmen/compliance/bpo/?r=dai (31.08.2022)
390 Ter Haar/Keune 2014, S. 14.
391 Ter Haar/Keune 2014, S. 20.
392 Hadwiger 2017, S. 409.

ausgestaltete Schiedsstelle oder einen Schlichtungsmechanismus mit bindenden Entscheidungen vor. Entsprechende Regelungen finden sich in den IFAs zwischen BWI und Skanska (2001), UNI und ABN AMRO (2015) sowie BNP Paribas (2018) oder UniCredit (2019), gleiches gilt für die Abkommen von IndustriAll mit Aker (2012), Esprit (2018) und Solvay (2022). Bei letzterem wurde vereinbart, im Konfliktfall eine/n neutrale/n „Schiedsrichter*in der ILO hinzuzuziehen und sich dessen Entscheidung zu unterwerfen. Paradebeispiel für einen solchen Streitbeilegungsmechanismus ist der im Bangladesh Accord, mittlerweile International Accord, (2013/2018/2021) von IndustriAll und UNI mit über 180 Unternehmen vereinbarte. Dieser sieht vor, im Konfliktfall zuerst den Lenkungsausschuss einzuschalten, dem ein/e neutrale/r Vertreter*in der ILO vorsteht. Ist der Konflikt auf dieser Ebene binnen 21 Tagen nicht zu lösen, kann im nächsten Schritt ein Schiedsgericht angerufen werden, das nach den UNCITRAL-Regeln für die internationale kommerzielle Schiedsgerichtsbarkeit fungiert und dessen Schiedsspruch gemäß der New York Convention[393] im Land des Stammsitzes des unterzeichnenden Unternehmens gerichtlich durchsetzbar ist.[394] Im Dezember 2022 wurde bekannt, dass der International Accord auch für Pakistan vereinbart wurde. Diese Beispiele haben die Vertragsparteien weiterer IFAs sichtlich inspiriert, so hat sich die Anzahl von Vereinbarungen mit einem verbindlichen Streitbeilegungsmechanismus in den letzten Jahren erhöht.

Wie eine Untersuchung zur Umsetzung eines Abkommens zum Schutz von Gewerkschaftsrechten in Indonesien zeigt, steigert sich die Effektivität eines IFAs deutlich, wenn auch Schulungsmaßnahmen vorgesehen sind, wie es auch in den Guidelines von IndustriAll für den Abschluss globaler Abkommen empfohlen wird.[395] In einigen Abkommen jüngeren Datums sind solche Schulungs- und Bildungsmaßnahmen für die lokalen Gewerkschaften und die Personalabteilungen auch bereits vorgesehen,[396] wie bspw. in den IFAs mit BESIX (2017), Esprit (2018), Lukoil (2018) oder UniCredit (2019).

3. Internationale Rahmenabkommen als Instrumente zur Umsetzung von Verpflichtungen des LkSG

Internationale Rahmenabkommen können wichtige Bausteine für die Umsetzung der Sorgfaltspflichten nach dem LkSG sein. Allerdings sind die Pflichten nicht automatisch mit dem Abschluss eines IFAs erfüllt, dieses muss die gesetz-

---

393 Convention on the Recognition and Enforcement of Foreign Arbitral Awards, Übereinkommen über die Anerkennung und Vollstreckung ausländischer Schiedssprüche, für weitere Informationen: https://www.newyorkconvention.org/ (20.11.2022).

394 Zimmer (2016), Bangladesh Accord, S. 5

395 Zimmer (2020), FoA Protocol, S. 17, 50.

396 Hadwiger 2017, S. 409; Zimmer 2019, S. 252.

lichen Verpflichtungen auch inhaltlich abdecken und wird ohnehin nur eine ergänzende Funktion zu den unternehmerischen Maßnahmen des Risikomanagements haben. Gibt es in den Ländern des globalen Südens vor Ort aktive Gewerkschaften, werden dortige Verstöße gegen das IFA über die gewerkschaftlichen Kanäle weitergegeben und dem zuständigen Monitoring Komitee (spätestens) in der jährlichen Sitzung gemeldet. Insoweit kann der im IFA vereinbarte Mechanismus das Risikomanagement stärken. Effektiver wird dieses jedoch, wenn nicht auf die jährliche Sitzung gewartet werden muss und Verstöße bspw. über einen Beschwerdemechanismus unmittelbar weitergegeben werden, sodass zeitnah Abhilfemaßnahmen ergriffen werden können. Die genannten Best-Practice-Beispiele erfüllen die gesetzlichen Voraussetzungen in weiten Teilen, insbesondere, wenn eine externe neutrale Instanz eingebunden ist, wie bei Daimler bspw. der Fall.

Zwar beziehen sich die meisten unternehmerischen Sorgfaltspflichten nach dem LkSG nur auf den eigenen Geschäftsbereich sowie auf direkte Zulieferer. Dieses ändert sich gem. § 9 Abs. 3 LkSG jedoch bei konkreten Anhaltspunkten für drohende Risiken oder Rechtsverletzungen bei mittelbaren Zulieferern, zudem muss das Beschwerdesystem auch Hinweise über Probleme bei mittelbaren Zulieferern erfassen. Um als Instrument zur Umsetzung von Verpflichtungen des LkSG in Frage zu kommen, müssten IFAs daher ihren Anwendungsbereich auf die gesamte Lieferkette erweitern. Aufgrund der Notwendigkeit, den gesetzlichen Bestimmungen des LkSG nachzukommen, ist allerdings davon auszugehen, dass Unternehmen oder Konzerne mit Sitz in Deutschland offen für eine entsprechende Anpassung eines bestehenden oder für den erstmaligen Abschluss eines entsprechenden Abkommens sind.

Auch wäre zu beachten, dass die in dem IFA enthaltenen Standards (die denen des LkSG entsprechen müssen), bereits bei der Auswahl des Vertragspartners zu berücksichtigen sind (§ 6 Abs. 4 Nr. 1 LkSG), was nur in einigen wenigen Abkommen thematisiert wird. Die Einhaltung dieser Standards ist zudem in die Beschaffungs- oder Dienstleistungsverträge aufzunehmen (§ 6 Abs. 4 Nr. 2), die mit entsprechenden angemessenen vertraglichen Kontrollmechanismen versehen werden müssen (§ 6 Abs. 4 Nr. 4), was bislang – von einzelnen Ausnahmen abgesehen – ganz überwiegend noch nicht der Fall ist. Zudem verpflichtet § 6 Abs. 4 Nr. 3 dazu, das Personal direkter Zulieferer zu schulen und weiterzubilden. In einigen Sektoren wird das unternehmensseitig teilweise bereits praktiziert, ist aber bislang nur in wenigen IFAs vereinbart.

Insbesondere die Parameter für das zu schaffende Beschwerdesystem können auch in IFAs festgelegt werden, wie die angeführten Praxisbeispiele zeigen. Da unternehmensübergreifende Beschwerdesysteme jedoch effektiver sind, wäre anzuregen, spezielle Vereinbarungen für jeweils ein Land abzuschließen, der sich eine Vielzahl an Unternehmen anschließen könnte. Als Muster hierfür mag der Bangladesh Accord dienen. Das Beschwerdesystem muss darüber hinaus effektiv ausgestaltet und zugänglich sein und die weiteren Voraussetzungen des § 8 LkSG erfüllen (siehe S. 44 ff.). Zugänglich i.S.v. § 8 Abs. 4 S. 2 ist ein System jedoch nur, wenn die Beschwerde in der Landessprache eingelegt werden kann, auch sollte nicht ausschließlich auf eine elektronische Beschwerdemöglichkeit gesetzt, sondern zusätzlich eine Hotline vorgehalten werden.

Der Gesetzgeber hat an verschiedenen Stellen Konsultationen mit Arbeitnehmer*innenvertretern vorgesehen. Diese können auch in Form eines sozialen Dialoges zwischen Global Union Federations und Management im Rahmen des in einem IFA vereinbarten Mechanismus geführt werden.

III. Gewerkschaften im globalen Süden (und Osten)

Der Gesetzgeber verweist verschiedentlich auf Konsultationen mit legitimen Interessenvertretungen der direkt Betroffenen.[397] Inländische Gewerkschaften und Arbeitnehmervertretungen haben jedoch kein Mandat für im Ausland Beschäftigte und können deren Interessen daher nicht vertreten.[398] Da es – anders, als in Deutschland – weltweit ganz überwiegend nicht Betriebsräte, sondern Gewerkschaften sind, die nach der jeweiligen Rechtsordnung die Interessen der Beschäftigten vertreten, sind Konsultationen mit Gewerkschaften aus den entsprechenden Ländern des globalen Südens empfehlenswert, was unter Einbindung der globalen Gewerkschaftsföderationen geschehen kann. Auch ist es möglich, einen entsprechenden Konsultationsmechanismus in einem IFA zu vereinbaren. In jedem Fall sind Gewerkschafter*innen aus dem globalen Süden (und Osten) im Rahmen der vertieften Risikoprüfung nach § 5 LkSG als Auskunftspersonen einzubeziehen.[399]

---

397 BT-Drs. 19/28649, 44.
398 Sagan/Schmidt, NZA-RR 6/2022, 281 (287).
399 Lorenzen, WSI-Mitteilungen 1/2021, 66 (68).

G. Zusammenfassung und Fazit

Der Gesetzgeber hat mit dem LkSG eine wichtige erste Stellschraube für die Sicherung sozialer Mindeststandards entlang der Wertschöpfungsketten normiert, auch wenn die Ausgestaltung hinter den Erwartungen zurückgeblieben ist und sich mit Einführung einer EU-Richtlinie zum Thema Due-Diligence in den nächsten Jahren wichtige Änderungen ergeben werden. Bei der Umsetzung dieses Gesetzes können Mitbestimmungsakteure und Gewerkschaften eine wichtige Rolle einnehmen, Voraussetzung für eine aktive Beteiligung ist jedoch Transparenz, sowohl über die Lieferketten als auch über die unternehmerischen Maßnahmen nach dem LkSG. Die Möglichkeiten einer Beteiligung von Mitbestimmungsakteuren und Gewerkschaften lassen sich wie folgt zusammenfassen:

Die Überwachung von Maßnahmen des Risikomanagements und der Compliance gehört zu den Aufgaben des **Aufsichtsrates**, mit Inkrafttreten des LkSG hat er auch über die Einhaltung der Pflichten des neuen Gesetzes zu wachen. Da unternehmensseitige Verstöße gegen die Pflichten des LkSG mit empfindlichen Bußgeldern geahndet werden können, nimmt die Bedeutung der Kontrolle durch den Aufsichtsrat mit Inkrafttreten des LkSG zu. In den für die Überwachung des Risikomanagements zuständigen Prüfungsausschuss könnten interessierte Arbeitnehmervertreter*innen sich gezielt wählen lassen. Als maßgebliche Entscheidungsträger*innen sind Mitglieder des Aufsichtsrates über die Ergebnisse der Risikoanalyse nach dem LkSG zu informieren, zudem ist ihnen die Grundsatzerklärung nach § 6 Abs. 2 LkSG zu übermitteln. Sie haben auch Einsicht in die interne Dokumentation nach § 10 Abs. 1 zu erhalten. Gleiches gilt bzgl. der Menschenrechtsstrategie für den eigenen Geschäftsbereich. Nach Möglichkeit sollte versucht werden, Einfluss auf die Kriterien der Risikoanalyse sowie die weiteren zu schaffenden Dokumente zu nehmen. Da die Einführung einiger Instrumente der zwingenden Mitbestimmung des Betriebsrates unterliegt, empfiehlt sich eine Verzahnung mit dem zuständigen Betriebsratsgremium. Um dem Wirtschaftsausschuss seine Arbeit zu erleichtern, ist eine Verzahnung mit dem Gremium ebenfalls empfehlenswert.

Gem. § 106 Abs. 2 Nr. 5b BetrVG gehören „Fragen der unternehmerischen Sorgfaltspflichten in Lieferketten gemäß dem Lieferkettensorgfaltspflichtengesetz" ab 01.01.2023 zu den wirtschaftlichen Angelegenheiten, über die der Unternehmer den **Wirtschaftsausschuss** rechtzeitig und umfassend zu unterrichten hat. Der Wirtschaftsausschuss hat Anspruch auf Vorlage des Entwurfs der Grundsatzerklärung nach § 6 Abs. 2 LkSG. Gleiches gilt für die Menschenrechtsstrategie des eigenen Geschäftsbereiches und für die zu entwickelnden internen und externen Verhaltensvorschriften in den für das Risikomanagement relevanten Bereichen. Da diese partiell der Mitbestimmung des Betriebs-rates unterliegen, ist eine Verzahnung mit GBR/KBR wichtig. Auch in Bezug auf die festzulegenden Kriterien der Risikoanalyse sind dem Wirtschaftsaus-schuss bereits in der Planungsphase Informationen zu übermitteln. Dem Aus-schuss ist zudem mitzuteilen, wer im Unternehmen für die Risikoanalyse zu-ständig sein soll und wer als Menschenrechtsbeauftragte/r eingesetzt wird. Der Wirtschaftsausschuss ist über die Ergebnisse der Risikoanalyse nach § 5, die ge-troffenen Präventions- (§ 6) bzw. Abhilfemaßnahmen (§ 7) sowie die eingegan-genen Beschwerden (§ 8) zu informieren, auch hat er Anspruch auf Einsicht in die interne Dokumentation nach § 10 Abs. 1 sowie in den nach § 10 Abs. 2 jährlich zu erstellenden Bericht über die Erfüllung der Sorgfaltspflichten des Unternehmens.

Der **Betriebsrat** ist als Vertreter der Beschäftigten in die Umsetzung des LkSG einzubinden. Für Maßnahmen, die unternehmensweit umgesetzt werden, wie bspw. die auf das Unternehmen bezogene Risikoanalyse, ist nach § 50 Abs. 1 BetrVG der GBR zuständig. Bei konzernweiten Maßnahmen, wie bspw. der Einführung von Ethikrichtlinien sowie des Beschwerdemanagements nach § 8 LkSG, ist der KBR das zuständige Gremium. Ausnahmsweise kann eine Zu-ständigkeit beider Gremien gegeben sein, wenn Instrumente sich für das ein-zelne Unternehmen anders gestalten, als für den Konzern und somit keine in-haltliche Überschneidung gegeben ist. Da es sich bei den Verpflichtungen des LkSG um gesetzliche Bestimmungen handelt, die zumindest im eigenen Ge-schäftsbereich auch zugunsten der eigenen Beschäftigten wirken, gehört die Beschäftigung mit der Umsetzung der Pflichten des LkSG nach § 80 Abs. 1 Nr. 1 BetrVG zu den Aufgaben des Betriebsrates. Der Informationsanspruch bezieht sich im Wesentlichen auf die gleichen Fragen, die auch der Wirt-schaftsausschuss mit dem Arbeitgeber erörtern kann, allerdings besteht bzgl. der für die Risikoanalyse zuständigen Person sowie der/dem Menschenrechts-beauftragten lediglich ein Anspruch auf Information über die Besetzung der Position, nicht aber auf die Personalien.

Unternehmerischen Verantwortung entlang der Lieferkette und die Pflichten des LkSG können auf einer **Betriebsversammlung** thematisiert werden, der Arbeitgeber kann in seinem Bericht über die Grundsatzerklärung zur Men-schenrechtsstrategie des Unternehmens sowie über weitere Fragen des LkSG informieren.

Die Einführung von Ethikrichtlinien unterliegt der **zwingenden Mitbestim-mung** des Betriebsrates nach § 87 Abs. 1 Nr. 1 BetrVG, soweit das Ordnungs-verhalten der Beschäftigten betroffen ist. Das ist der Fall, wenn eine Pflicht zur Meldung von Lieferkettenrisiken oder von Rechtsverstößen kodifiziert wird, die unter Beachtung eines standardisierten Verfahrens implementiert werden soll. Gleiches gilt, wenn die Kontaktierung einer nach § 8 LkSG eingerichteten Hotline vorgesehen ist. Auch die Einführung des Beschwerdeverfahrens selbst unterlegt in Bezug auf die Ausgestaltung der zwingenden Mitbestimmung nach § 87 Abs. 1 Nr. 1 BetrVG. In der Regel wird dabei moderne Kommunikationstechnologie eingesetzt, sodass auch § 87 Abs. 1 Nr. 6 BetrVG greift, da die Technologie zur Überwachung geeignet ist.

Werden Arbeitnehmer*innen i.R.d. Risikoanalyse mittels standardisierter Umfragen zu möglichen menschen- oder umweltrechtlichen Risiken befragt, liegt hierin der Einsatz eines **Personalfragebogens,** sodass die zwingende Mitbestimmung des Betriebsrates aus § 94 Abs. 1 BetrVG greift.

Auf freiwilliger Basis könnte ein paritätisch besetztes **Due Diligence Komitee** geschaffen werden, um die zentralen Fragen der Implementierung der Sorgfaltspflichten im Unternehmen/Konzern zu bearbeiten. Der Vorsitz wäre von der/dem Menschrechtsbeauftragten zu führen, der/die für die operative Verwirklichung der Sorgfaltspflichten im Unternehmen verantwortlich ist. Werden Probleme in der Lieferkette identifiziert, so könnte eine Task Force einberufen werden, in die auch Arbeitnehmervertreter*innen von Gewerkschaften aus dem betreffenden Land oder, falls nicht vorhanden, Vertreter*innen der sektoralen globalen Gewerkschaftsföderation berufen werden können. Das Komitee gibt seine Erkenntnisse periodisch an die zuständigen Gremien beider Seiten weiter. Die Tätigkeit des Due Diligence Komitees darf jedoch die gesetzlich vorgesehenen Beteiligungsrechte des Betriebsrates nicht aushebeln, insoweit wäre eine Verzahnung mit den Gremien notwendig. Das aufzubauende Beschwerdesystem könnte in die Arbeit des Komitees integriert werden. Die rechtliche Grundlage für die Arbeit des Komitees kann ein Haustarifvertrag bilden, in dem auch ein Schutz vor Maßregelung und Kündigung für den/die Beschwerdebeauftragte/n vereinbart werden könnte, gleiches gilt für die/den Beschwerdebeauftragte/n. Durch einen solchen Schutz wäre die erforderliche Unabhängigkeit gewahrt und eine unternehmensinterne Lösung möglich.

Zu den Themen, über welche die zentrale Leitung den **EBR** gem. § 29 Abs. 1 EBRG mindestens einmal pro Kalenderjahr anzuhören hat, gehören auch Fragen der unternehmerischen Sorgfaltspflichten nach dem LkSG. Der von der zentralen Leitung vorzulegende Bericht hat bei Unternehmen mit Sitz in Deutschland ab 01.01.2023 Informationen zur Erfüllung der Sorgfaltspflichten nach dem LkSG in Bezug auf europaweite Wertschöpfungsketten zu umfassen. Nach Sichtung der Unterlagen durch den EBR schließt sich eine Konsultation mit dem Arbeitgeber an. Zu den vorzulegenden Unterlagen gehören die Grundsatzerklärung nach § 6 Abs. 2 LkSG, die Menschenrechtsstrategie des eigenen Geschäftsbereiches sowie die internen und externen Verhaltensvorschriften für das europaweite Risikomanagement. Auch die festzulegenden

Kriterien der Risikoanalyse sind dem EBR bereits in der Planungsphase zu übermitteln. Der EBR hat ferner Anspruch auf Informationen über Details zum geplanten Beschwerdeverfahren. Nach Installation des Risikomanagements ist das Gremium zudem über die Ergebnisse der Risikoanalyse nach § 5 LkSG, über die getroffenen Präventions- (§ 6) bzw. Abhilfemaßnahmen (§ 7) sowie die eingegangenen Beschwerden aus europäischen Ländern zu informieren. Zudem hat der EBR Anspruch auf Einsicht in die interne Dokumentation. Wird in dem Unternehmen (Konzern) ein Due Diligence Komitee eingerichtet, so sollte eine/r der deutschen EBR-Delegierten ebenfalls einen Sitz in dem Gremium haben. „Beteiligungsorientierte" EBRs könnten mit Mandat der Europäischen Gewerkschaftsföderationen zudem den Abschluss einer Due-Diligence-Vereinbarung mit der zentralen Leitung anstreben.

Deutsche Gewerkschaften können von Betroffenen (aus dem Ausland) gem. § 11 Abs. 1 LkSG bei der Verletzung zentraler Arbeitsrechte zur Führung eines Musterprozesses in Deutschland ermächtigt werden und hätten damit als Prozessstandschafter die Befugnis zur Prozessführung im eigenen Namen kraft gesetzlicher Ermächtigung. Bislang scheiterte eine solche Beauftragung daran, dass ein schutzwürdiges Eigeninteresse des Ermächtigten an der Prozessführung im eigenen Namen nachzuweisen war.

Die gewerkschaftlichen **Betriebsbeauftragten** haben zudem eine wichtige Rolle bei der Unterstützung der Mitbestimmungsakteure in Bezug auf die Wahrnehmung ihrer Aufgaben zur Durchsetzung des LkSG. Auch Hauptamtliche von Gewerkschaften können Beschwerden einreichen, um auf bestehende Risiken oder Rechtsverletzungen hinzuweisen. Gewerkschaften haben die Möglichkeit, das Bundesamt für Wirtschaft und Ausfuhrkontrolle als zuständige Behörde über die Nichteinhaltung der Verpflichtungen aus dem LkSG durch einzelne Unternehmen zu informieren. Darüber hinaus können die Umsetzungsmaßnahmen zur Erfüllung der unternehmerischen Sorgfaltspflichten auch tarifvertraglich geregelt werden, was insbesondere für die freiwillige Einrichtung eines Due-Diligence-Komitees von Bedeutung sein könnte. Soll ein innerbetriebliches Beschwerdesystem aufgebaut werden, so könnte in einem Haustarifvertrag Schutz des/der Beschwerdebeauftragte/n vor Maßregelung und Kündigung vereinbart werden, sodass die erforderliche Unabhängigkeit gewahrt und eine unternehmensinterne Lösung möglich wäre. Als Regelungsinstrumente bieten sich – unter Beteiligung der zuständigen Globalen Gewerkschaftsföderation auch internationale Rahmenabkommen an.

Globale Gewerkschaftsföderation können eine wichtige Rolle bei der effektiven Umsetzung des LkSG spielen, wenn die einzuhaltenden Standards und ein ausgefeiltes Instrumentarium zur Implementierung und zum Monitoring in einem internationalen Rahmenabkommen vereinbart werden. Die globalen

Gewerkschaftsföderationen verfügen bereits über eine jahrzehntelange Erfahrung mit diesen Instrumenten zur Sicherung globaler Mindeststandards, die Umsetzungsmechanismen wurden mit der Zeit komplexer und effektiver. Um die unternehmerischen Maßnahmen als Instrumente zur Umsetzung des LkSG zu ergänzen, müssen IFAs jedoch die gesamte Wertschöpfungskette abdecken, was bislang nur in Ansätzen der Fall ist. Der im IFA vereinbarte Mechanismus kann zudem das Risikomanagement stärken, wenn Gewerkschaften aus dem globalen Süden Verstöße gegen das IFA über die gewerkschaftlichen Kanäle weitergeben. Best-Practice-Beispiele zeigen, dass auch das nach § 8 LkSG zu errichtende Beschwerdesystem mittels IFA vereinbart werden kann. Die genannten Praxisbeispiele erfüllen die gesetzlichen Voraussetzungen insbesondere, wenn eine externe neutrale Instanz eingebunden ist, da damit die erforderliche Unabhängigkeit gewahrt ist.

Konsultationen mit **Gewerkschaften aus den Ländern des globalen Südens** können zur Umsetzung des LkSG beitragen, was unter Einbindung der globalen Gewerkschaftsföderationen geschehen kann. Ein entsprechender Konsultationsmechanismus kann in einem IFA vereinbart werden. In jedem Fall sind Gewerkschafter*innen aus dem globalen Süden im Rahmen der vertieften Risikoprüfung nach § 5 LkSG als Auskunftspersonen einzubeziehen.

Die Beteiligung von Mitbestimmungsakteuren und Gewerkschaften kann in diesem Rahmen einen wichtigen Beitrag zur Demokratisierung der Wirtschaft sowie zur Sicherung grundlegender Menschenrechtsstandards für das Arbeitsleben weltweit leisten.

Literaturverzeichnis

Ahern, Deirdre (2016): Turning up the Heat? EU Sustainability Goals and the Role of Reporting under the Non-Financial Reporting Directive, in: European Company and Financial Law Review (ECFR) 4/2016, S. 599–630.

Allgaier, Antonius/Bolte, Michael/Buschmann, Rudolf/Däubler, Wolfgang/Deinert, Olaf/zu Dohna, Verena/Eder, Isabel/Heilmann, Micha/Jerchel, Kerstin/Klapp, Micha/Klebe, Thomas/Wenckebach, Johanna (2022): Betriebliche Mitbestimmung für das 21. Jahrhundert. Gesetzentwurf für ein modernes Betriebsverfassungsgesetz, Arbeit und Recht (AuR) Sonderheft.

Amfori-BSCI (2018): Amfori-BSCI-Systemhandbuch Anhang 8, online: https://www.amfori.org (10.11.2022).

Anner, Mark (2012): Corporate Social Responsibility and Freedom of Association Rights. The Precarious Quest for Legitimacy and Control in Global Supply Chains, in: Politics & Society (P&S) Vol. 40, 4/2012, S. 609–644.

Ascoly, Nina/Zeldenrust, Inneke (SOMO, 2003): Monitoring und Verifizierung: Glossar für die Bekleidungs- und Sportbekleidungsindustrie, Amsterdam, online: Monitoring-Verification-Term-Guide.pdf (10.11.2022).

Baade, Isabelle Madelaine (2022): Lieferkettensorgfaltspflichtengesetz – Arbeitsrechtliche Compliance-Maßnahmen, in: Deutsches Steuerrecht (DStR) 2022, S. 1617–1624.

Blanke, Thomas/Hayen, Ralf-Peter/Kunz, Olaf/Carlson, Sandra Birte (2019): Europäische Betriebsräte-Gesetz. Arbeitnehmermitbestimmung in Europa, 3. Auflage, Baden-Baden (zitiert: BHKC-Bearbeiter*in, § Rn).

Bürger, Kathrin (2022): Neue Pflicht zur Einführung eines betrieblichen Beschwerdeverfahrens nach dem Lieferkettensorgfaltsgesetz, Schnellinformation für Personalmanagement und Arbeitsrecht (SPA) 2022, S. 81–82.

Bundesministerium der Justiz und für Verbraucherschutz, Referat Öffentlichkeitsarbeit; Digitale Kommunikation (Hrsg., 2019): Menschenrechtsverletzungen im Verantwortungsbereich von Wirtschaftsunternehmen: Zugang zu Recht und Gerichten, Berlin, online: https://www.bmj.de/SharedDocs/Publikationen/DE/Menschenrechtsverletzungen_Wirtschaftsunternehmen.pdf?__blob=publicationFile&v=8 (15.11.2022).

Brown, Garrett (2017): Hansae Vietnam's garment factory: Latest example of how corporate social responsibility has failed to protect workers, Journal of Occupational and Environmental Hygiene (JOEH) Vol. 14, 8/2017, S. 130–135.

Clean-Clothes-Campaign (2021): Fig leaf for Fashion. How Social Auditing protects Brands and Fails workers, Amsterdam, https://cleanclothes.org/file-repository/figleaf-for-fashion.pdf/view (10.11.2022).

Committee on Economic, Social and Cultural Rights (2016): General comment No. 23 (2016) on the right to just and favourable conditions of work (Article 7 of the International Covenant on Economic, Social and Cultural Rights), online: https://documents-dds-ny.un.org/doc/UNDOC/GEN/G16/087/51/PDF/G1608751.pdf?OpenElement (24.11.2022).

Council of Europe, European Committee of Social Rights (2018): Digest of the Case Law of the European Committee of Social Rights, Strasbourg (zitiert als: ESC Digest, 2018). Online: https://rm.coe.int/digest-2018-parts-i-ii-iii-iv-en/1680939f80 (24.11.2022).

Däubler, Wolfgang (2016): Tarifverträge zur Unternehmenspolitik? Rechtliche Zulässigkeit und faktische Bedeutung. HSI-Schriftenreihe Band 16, Frankfurt a.M.

Däubler, Wolfgang/Klebe, Thomas/Wedde, Peter (Hrsg., 2022): BetrVG. Betriebsverfassungsgesetz mit Wahlordnung und EBR-Gesetz, 18. Auflage, Frankfurt a.M. (zitiert: DKW-Bearbeiter*in, § Rn.).

Deinert, Olaf (2021): Betriebsverfassung in Zeiten der Globalisierung. HSI-Schriftenreihe Band 38, Frankfurt a.M.

Dicken, Peter/Kelly, Philip F./Olds, Kris/Yeung, Henry Y. Way Chung (2001): Chains and networks, territories and scales: towards a relational framework for analysing the global economy, Global Networks Vol. 2, 1/2001, S. 89–112.

Drouin, Renée Claude (2015): Freedom of Association in International Framework Agreements, in: Blackett, Adelle/ Trebilcock, Anne (Hrsg.), Research Handbook on Transnational Labour Law, Cheltenham, UK/Northampton, USA, S. 217–229.

Dutzi, Andreas/Schneider, Oliver/Hasenau, Alexander (2021): Lieferkettenregulierung und Risk Governance – Implikationen für die betriebliche Praxis und Kritik, in: Der Konzern (DK) 11/2021, S. 454–463.

ECCHR/Brot für die Welt/Miserior (Hrsg., 2021): Menschenrechtsfitness von Audits und Zertifizierern? Ein Thesenpapier, 2. Auflage März 2021, https://www.ecchr.eu/fileadmin/Publikationen/ECCHR_BfdW_MISEREOR_AUDITS_PREVIEW_DE_2.pdf (12.11.2022).

Edel, Golo/Frank, Justus/Heine, Nils/Heine, Maurice (2021): Pionierarbeiten in der Lieferkette – Praxisfolgen für das Handels- und Arbeitsrecht (Teil II), Betriebs-Berater (BB) 2021, S. 2890–2896.

Fichter, Mike/Sydow, Jörg (2002): Using networks towards global labour standards? Organizing social responsibility in global production chains, Industrielle Beziehungen (IB) Vol. 9 4/2002, S. 357–380.

Frank, Justus/Edel, Golo/Heine, Nils/Heine, Maurice (2021): Pionierarbeiten in der Lieferkette – Praxisfolgen für das Handels- und Arbeitsrecht (Teil I), Betriebsberater (BB) 2021, S. 2165–2171.

Frappard, Mathilde (2018): Das französische Gesetz zur Überwachungspflicht: ein innovatives Gesetz für gerechtere Globalisierung, Arbeit und Recht (AuR) 6/2018, S. 277–280.

Gehling, Christian/Ott, Nicolas/Lüneborg, Cäcilie (2021): Das neue Lieferkettensorgfaltspflichtengesetz – Umsetzung in der Unternehmenspraxis, in: Corporate Compliance Zeitschrift (CCZ) 2021, S. 231–240.

Gereffi, Gary (1994): The organisation of buyer-driven global commodity chains: how US retailers shape overseas production networks', in Gereffi, G./ Korzeniewicz M. (Hrsg.), Commodity Chains and Global Development, Westport, S. 95–122.

Gitzel, Sandra (2014): Der Schutz der Vereinigungsfreiheit, Frankfurt a.M.

Gläßer, Ulla/Pfeiffer, Robert/Schmitz, Dominik/Bond, Helene (2021): Außergerichtliche Beschwerdemechanismen entlang globaler Lieferketten. Bericht über ein Forschungsprojekt, Zeitschrift für Konfliktmanagement (ZKM) 6/2021, S. 228–233.

Göpfert, Burkard/Stöckert, Susanna (2022): „ESG" (Environmental social Governance) – ein Thema für die betriebliche Mitbestimmung, in: Neue Zeitschrift für Arbeitsrecht (NZA) 2022, 452-456.

Gordon, Jennifer (2017): The Problem with Corporate Social Responsibility, https://wsr-network.org/wp-content/uploads/2017/07/Gordon-CSR-vs-WSR-FINAL-July-2017.pdf (10.11.2022).

Grabosch, Robert (2022): Nachhaltigkeit in Lieferketten: Zur EU-Gesetzgebung über Sorgfaltspflichten, in: Arbeit und Recht (AuR) 2022, S. 244–248.

Grabosch, Robert (Hrsg., 2021): Das neue Lieferkettensorgfaltspflichtengesetz, 1. Auflage, Baden-Baden.

Grabosch, Robert (2019): Unternehmen und Menschenrechte: Gesetzliche Verpflichtungen zur Sorgfalt im weltweiten Vergleich, Friedrich-Ebert-Stiftung, online: http://library.fes.de/pdf-files/iez/15675.pdf (10.10.2022).

Grabosch, Robert (2013): Rechtschutz vor deutschen Zivilgerichten gegen Beeinträchtigungen von Menschenrechten durch transnationale Unternehmen (2013), in: Nikol, Ralph/Bernhard, Thomas/Schniederjahn, Nina (Hrsg., 2013), Transnationale Unternehmen im Völkerrecht, Baden-Baden.

Grabosch, Robert/Schönfelder, Daniel (2021): Das Lieferkettensorgfaltspflichtengesetz: neue Pflichten zur Vermeidung menschen- und umweltrechtlicher Risiken weltweit, in: Arbeit und Recht (AuR) 12/2021, S. 488–494.

Hadwiger, Felix (2018): Contracting International Employee Participation. Global Framework Agreements, Berlin/New York.

Hadwiger, Felix (2017): Looking to the future: mediation and arbitration procedures for global framework agreements, in: Transfer 23, S. 409–424.

Hadwiger, Felix/Hamm, Brigitte/Vitols, Katrin/Wilke, Peter (2017): Menschenrechte im Unternehmen durchsetzen. Internationale Arbeitnehmerrechte: Die UN-Leitprinzipien als Hebel für Betriebsräte und Gewerkschaften, Bielefeld.

Hammer, Nikolaus (2008): International framework agreements in the context of global productionn in: Papadakis, Konstantinos (Hrsg.), Cross-Border Social Dialogue and Agreements: An emerging global industrial relations framework? International Labour Office, Genf, S. 89–112.

Hans-Böckler-Stiftung (2019): Workers' Voice. Transnational Companies – A concern for strong Workers' Voice, Policy-Brief 2/2019.

Hauschild, Axel/Meyer, Rita/Ridder, Hans-Gerd/Clasen, Eva/Krause, Florian/Rempel, Kira (2021): Nachhaltigkeit durch Mitbestimmung, Study 452 der Hans-Böckler-Stiftung, Düsseldorf.

Henderson, Jeffrey/Dicken, Peter/Hess, Martin/Coe, Neil/Wai-Chung Yeung, Henry (2002): Global Production Networks and the Analysis of Economic Development, in: Review of International Political Economy (RIPE), Vol. 9, 3/2002, S. 436–464.

Hornung-Draus, Renate (2012): Globale Gewerkschaftsstrategien – eine neue Herausforderung für deutsche Unternehmen, in: Betriebs-Berater (BB) 2/2012, Die erste Seite.

Hübner, Leonhard/Habrich, Victor/Weller, Marc-Phillipe (2022): Corporate Sustainability Due Diligence. Der EU-Richtlinienentwurf für eine Lieferkettenregulierung, in: Neue Zeitschrift für Gesellschaftsrecht (NZG) 2022, S. 644–651.

International Committee of the Red Cross (DCAF)/ Geneva Centre for Security Sector Governance (Hrsg., 2015): Addressing security and human rights challenges in complex environments, 3. Auflage, Genf, online: https://www.securityhumanrightshub.org/toolkit-third-edition (10.11.2022).

International Labour Organization (ILO, 2018): Compilation of decisions of the Committee on Freedom of Association, Geneva.

International Labour Organization (ILO, 2012): Global Estimate of Forced Labour, Geneva.

International Labour Organization (ILO, 2007): General Survey (forced labour), Geneva.

International Labour Organization (ILO, 2005): Eine globale Allianz gegen Zwangsarbeit, Geneva.

Joseph, Sarah (2004): Corporations and transnational Human Rights Litigation, Oxford.

Kaltenborg, Markus/Krajewski, Markus/Rühl, Gisela/Saage-Maaß, Miriam (Hrsg., 2023), Sorgfalts-pflichtenrecht. LkSG, GwB, EU-HolzhandelsVO, EU-KonfliktmineralienVO, BetrVG, WRegG, CSR-RL-Ums, München 2023.

Keilmann, Annette/Schmidt, Falko (2021): Der Entwurf des Sorgfaltspflichtengesetzes – Warum es richtig ist, auf eine zivilrechtliche Haftung zu verzichten, in: Zeitschrift für Wirtschafts- und Bankrecht (WM) 2021, S. 717–723.

Kirchner, Michael (2002): Risikomanagement. Problemaufriss und praktische Erfahrungen unter Einbeziehung eines sich ändernden unternehmerischen Umfeldes. München.

Knospe, Armin (2011): Die Grenzen des Arbeitsrechts: Menschenhandel zum Zweck der Arbeitsausbeutung im Lichte einer interdisziplinären und internationalen Wirkungsanalyse, in: Recht der Arbeit (RdA) 2011, 348–353.

Kock, Martin (2009): Compliance im Unternehmen – Ethisch sei der Mensch, hilfreich und gut, in: Zeitschrift für Wirtschaftsrecht (ZIP) 2009, 1406–1412.

Köstler, Roland (2010): Verschwiegenheitspflicht. Hinweise zum praktischen Umgang, Arbeitshilfen für Aufsichtsräte Nr. 5, Hans-Böckler-Stiftung, 3. Auflage, Düsseldorf.

Kotulla, Michael (2020): Umweltschutzbeauftragte, in: Natur und Recht (NuR) 2020, S. 16–28.

Krajewski, Markus/Tonstat, Kristel/Wohltmann, Franziska (2021), Mandatory Human Rights Due Diligence in Germany and Norway: Stepping, or Striding, in the Same Direction?, in: Business and Human Rights Journal (BHRJ) 6/2021, S. 550–558.

Krause, Rüdiger (2022): Das Lieferkettensorgfaltspflichtengesetz als Baustein eines transnationalen Arbeitsrechts – Teil I, in: Recht der Arbeit RdA 2022, S. 303–310.

Krause, Rüdiger (2022): Das Lieferkettensorgfaltspflichtengesetz als Baustein eines transnationalen Arbeitsrechts – Teil II, in: Recht der Arbeit RdA 6/2022, S. 327–341.

Krause, Rüdiger (2012): International Framework Agreements as Instrument for the Legal Enforcement of Freedom of Association and Collective Bargaining? The German Case, Comparative Labour Law & Policy Journal (CLLPJ) Vol. 33, 2012, S. 749–773

LeBaron, Genevieve/Lister, Jane (2016): Ethical Audits and the Supply Chains of Global Corporations, SPERI Sheffield Political Economy Research Institute Brief 1, Sheffield, online: https://speri.dept.shef.ac.uk (10.11.2022)

Lorenzen, Stefanie (2021): Lieferkettengesetz – wie wird es wirksam?, in: WSI-Mitteilungen 1/2021, S. 66 70.

Maschke, Manuela/Zimmer, Reingard (2013): CSR – Gesellschaftliche Verantwortung von Unternehmen. Betriebs- und Dienstvereinbarungen – Analyse und Handlungsempfehlungen, Frankfurt a.M.

Meincke, Eberhard (1998): Geheimhaltungspflichten im Wirtschaftsrecht, Wirtschafts- und Bankrecht (WM) 1998, S. 749–757.

Mengel, Anja/Hagemeister, Volker (2007): Compliance und arbeitsrechtliche Implementierung im Unternehmen, in: Betriebsberater (BB) 2007, S. 1386–1393.

Mock, Theodore J./Turner, Jerry L. (2005): Auditor Identification of Fraud Risk Factors and their Impact on Audit Programs, in: International Journal of Auditing (IJA) Vol. 9, S. 55–77.

Müller-Glöge, Rudi/Preis, Ulrich/Schmidt, Ingrid (Hrsg., 2022): Erfurter Kommentar zum Arbeitsrecht, 22. Auflage, München (zitiert: ErfK-Bearbeiter*in, Norm, Rn.).

Nagel, Bernhard (1979): Die Verlagerung der Konflikte um die Unternehmensmitbestimmung auf das Informationsproblem, in: Betriebs-Berater (BB) 1979, S. 1799–1804.

Nietsch, Michael/Wiedmann, Michael (2022): Adressatenkreis und sachlicher Anwendungsbereich des neuen Lieferkettensorgfaltspflichtengesetz, in: Neue Juristische Wochenzeitschrift (NJW) 2022, S. 1–7.

Outwaite, Opi/Martín-Ortega, Olga (2019): Worker-driven monitoring – Redefining supply chain monitoring to improve labour rights in global supply chains, in: Competition & Change 23, S. 378–396.

Platzer, Hans-Wolfgang/Müller, Torsten (2009): Die globalen und europäischen Gewerkschaftsverbände. Handbuch zur transnationalen Gewerkschaftspolitik, 1. Halbband, Berlin.

Prangenberg, Arno/Tritsch, Marius/Beile, Judith/Vitols, Katrin (2020): Nichtfinanzielle Berichterstattung – Prüfung durch den Aufsichtsrat, Arbeitshilfen für Aufsichtsräte Nr. 20, 2. Auflage, Düsseldorf, online: https://www.boeckler.de/fpdf/HBS-007858/p_ah_ar_20_2020.pdf (22.11.2022).

Räuchle, Robert/Schmidt, Benedikt (2019): Kommentierung: § 4. Das Arbeitsvölkerrecht der Vereinten Nationen, in: Schlachter, Monika/ Heuschmid, Johannes/Ulber, Daniel (Hrsg.), Arbeitsvölkerrecht – Eine systematische Darstellung, Berlin 2019, S. 37–105.

Roch, Christopher (2009): Der Weltkonzernbetriebsrat von Volkswagen. Möglichkeiten und Grenzen globaler Mitbestimmung, online: https://www.grin.com/document/129585 (01.10.2022).

Romeike, Frank/ Hager, Peter (2020): Erfolgsfaktor Risiko-Management 4.0. Methoden, Beispiele, Checklisten. Praxishandbuch für Industrie und Handel, 4. Auflage, Wiesbaden.

O'Rourke, Dara (2002): Monitoring the monitors: a critique of corporate third-party labour-monitoring, in: Jenkins, Rhys/Pearson, Ruth/Seyfang, Gill (Hrsg.), Corporate Responsibility and Labour Rights. Codes of Conduct in the Global Economy, London 2002, S. 196–208.

Rüb, Stefan (2000): Weltbetriebsräte und andere Formen weltweiter Arbeitnehmervertretungsstrukturen in transnationalen Konzernen. Eine Bestandsaufnahme, HBS Arbeitspapier Nr. 27, Düsseldorf.

Rüb, Stefan/Platzer, Hans-Wolfgang/Müller, Torsten (2011): Transnationale Unternehmensvereinbarungen. Zur Neuordnung der Arbeitsbeziehungen in Europa, Berlin.

Saage-Maaß, Miriam (2021): Legal Interventions and Transnational Alliances in the Ali Enterprises Case: Struggles for Workers' Rights in Global Supply Chains, in: Saage-Maaß, Miriam/Zumbansen, Peer/Bader, Michael/Shahab, Palvasha (Hrsg.), Transnational Legal Activism in Global Value Chains. The Ali Enterprises Factory Fire and the Struggle for Justice, Berlin, S. 25–58.

Saage-Maaß, Miriam/Korn, Franziska (2021): Vom Accord lernen? FES, Berlin, online: https://www.fes.de/themenportal-die-welt-gerecht-gestalten/weltwirtschaft-und-unternehmensverantwortung/artikel-in-weltwirtschaft-und-unternehmensverantwortung/menschenrechte-entlang-der-lieferketten-sichern-von-bangladesch-lernen (16.11.2022).

Säcker, Franz-Jürgen (1979): Vorkehrungen zum Schutz der gesetzlichen Verschwiegenheitspflicht und gesellschaftsrechtliche Treuepflicht der Aufsichtsratsmitglieder, Lutter, Marcus/Stimpel, Walter/Wiedemann, Herbert (Hrsg.), in: Festschrift für Robert Fischer, Berlin, S. 635–656.

Sagan, Adam (2022): Das Beschwerdeverfahren nach § 8 LkSG, in: Zeitschrift für Wirtschaftsrecht (ZIP) 2022, S. 1419–1427.

Sagan, Adam/Schmidt, Alexander J. (2022): Das Lieferkettensorgfaltspflichtengesetz. Ein Überblick aus der Perspektive des Arbeitsrechts, in: Neue Zeitschrift für Arbeitsrecht (NZA) 6/2022, S. 281–291.

Schmidt-Räntsch, Annette (2021): Sorgfaltspflichten der Unternehmen – Von der Idee über den politischen Prozess bis zum Regelwerk, in: Zeitschrift für Umweltrecht (ZUR) 2021, S. 387–394.

Schneider, David (2009): Die arbeitsrechtliche Implementierung von Compliance und Ethikrichtlinien, Baden-Baden.

Siu, Kaxton (2017): Labor and Domination: Worker Control in a Chinese Factory, in: Politics & Society (P & O) 2017, Vol. 45 4/2017, S. 533–557.

Spießhofer, Birgit (2017): Unternehmerische Verantwortung. Zur Entstehung einer globalen Wirtschaftsordnung, Baden-Baden.

Spindler, Gerald (2022): Verantwortlichkeit und Haftung in Lieferantenketten – das Lieferkettensorgfaltspflichtengesetz aus nationaler und europäischer Perspektive, in: Zeitschrift für das gesamte Handelsrecht und Wirtschaftsrecht (ZHR) 2022, Vol. 18, S. 67–124.

Starmanns, Mark/Barthel, Mark/Mosel, Hendrik (2021): Sozial-Audits als Instrument zur Überprüfung von Arbeitsbedingungen. Diskussion und Empfehlungen im Kontext der öffentlichen Beschaffung, Zürich 2021, online: https://www.bescha.bund.de/SharedDocs/Aktuelles/Wissenswertes/2021/Studie%20zu%20Sozial-Audits.html (10.11.2022).

Steinhaus, Henrik/Guttzeit, Mandy (2021): Management unternehmensstrategischer Risiken. Früherkennung von Indikatoren für Beschäftigungsrisiken. Arbeitshilfe für Aufsichtsräte, Mitbestimmungspraxis Nr. 42, August 2021.

Stemberg, Christian (2022): Die drei „Schlüsselkriterien" des Beschwerdeverfahrens nach § 8 Lieferkettensorgfaltspflichtengesetz, in: Corporate Compliance Zeitschrift (CCZ) 2022, 92–99.

Stemberg, Christian (2022): Zur substantiierten Kenntnis nach § 9 III Lieferkettensorgfaltspflichtengesetz, in: Neue Zeitschrift für Gesellschaftsrecht (NZG) 2022, S. 1093–1099.

Stiftung Arbeit und Umwelt der IG BCE (2019): Verantwortung in Liefer- und Wertschöpfungsketten: Globale Rahmenvereinbarungen als Instrument einer gewerkschaftlichen Mitgestaltung menschenrechtlicher Sorgfaltspflicht.

Stöbener de Mora, Patricia Sarah/Noll, Paul (2021): Grenzenlose Sorgfalt? – Das Lieferkettensorgfaltspflichtengesetz. Teil I, Neue Zeitschrift für Gesellschaftsrecht (NZG) 2021, S. 1237–1244.

Stöbener de Mora, Patricia Sarah/Noll, Paul (2021): Grenzenlose Sorgfalt? – Das Lieferkettensorgfaltspflichtengesetz. Teil II, Neue Zeitschrift für Gesellschaftsrecht (NZG) 2021, S. 1285–1292.

Thalhammer, Veronika (2021): Das umstrittene Lieferkettensorgfaltspflichtengesetz - Ein juristischer Blick auf Kritik aus Zivilgesellschaft, Wirtschaft und Politik, in: Die Öffentliche Verwaltung (DÖV) 2021, S. 825–835.

Teipen, Christina/Mehl, Fabian (2021): Soziales Upgrading und industrielle Beziehungen im Globalen Süden, in: WSI-Mitteilungen Vol. 74, 1/2021, S. 12–19.

Terwindt, Carolijn/Saage-Maaß, Miriam (2016): Liability of Social Auditors in the Textile Industry, FES-Publikation. https://www.ecchr.eu/fileadmin/Publikationen/Policy_Paper_Liability_of_Social_Auditors_in_the_Textile_Industry_FES_ECCHR_2016.pdf (30.11.2022).

Thomas, Mark P. (2011): Global industrial relations? Framework Agreements and the Regulation of international labour standards, in: Labor Studies Journal (LSJ) 36, H. 2, S. 269–287.

United Nations Human Rights Office of the High Commissioner (2022): Draft optional protocol to the legally binding instrument to regulate, in international human rights law, the activities of transnational corporations and other business enterprises. o.J.: https://www.ohchr.org/Documents/HRBodies/HRCouncil/WGTransCorp/Session4/ZeroDraftOPLegally.PDF (10.11.2022).

Valdini, Daniel (2021): Die Anwendung des Lieferkettensorgfaltspflichtengesetzes auf ausländische Unternehmen, in: Betriebs-Berater (BB) 2021, S. 2955–2958.

Wagner, Gerhard (2021): Haftung für Menschenrechtsverletzungen in der Lieferkette, in: Zeitschrift für Wirtschaftsrecht (ZIP) 2021, S. 1095–1105.

Wagner, Andreas (2008): Ethikrichtlinien – Implementierung und Mitbestimmung, Baden-Baden.

Welz, Christian (2011): A qualitative Analysis of International Framework Agreements: Implementation and Impact. Eurofound-Publication, Dublin.

Wenzel, Nicola/Dorn, Jenny (2020): Wirtschaft und Menschenrechte – ein neues Anwendungsfeld für ADR?, in: Zeitschrift für Konfliktmanagement (ZKM) 2/2020, S. 50–54.

Wernicke, Paula (2022): Das neue Lieferkettensorgfaltspflichtengesetz. Was erwartet Unternehmer und HR-Verantwortliche?, in: Arbeit und Arbeitsrecht (AuA) 7/2022, S. 8–12.

Wisskirchen, Gerlind/Jordan, Christopher/Bissels, Alexander (2005): Arbeitsrechtliche Probleme bei der Einführung internationaler Verhaltens- und Ethikrichtlinien (Codes of Conduct/Codes of Ethics), in: Der Betrieb (DB) 2005, S. 2190–2195.

Zilles, Stephan/Deutsch, David J. (2010); Gremienzustimmungen im Konzern: „bottom-up" oder „top-down"? Eine kritische Analyse zur Festlegung der Entscheidungsrichtung aus juristischer und unternehmerischer Perspektive, in: Zeitschrift für Corporate Governance (ZCG) 4/2010, S. 180–184.

Zimmer, Reingard (2023): Kommentierung § 2 Abs. 2 Nr. 3 und 4 LkSG (Zwangsarbeit und Sklaverei) sowie § 2 Abs. 2 Nr. 6 LkSG (Koalitionsfreiheit), in: Kaltenborg, Markus/Krajewski, Markus/Rühl, Gisela/Saage-Maaß, Miriam (Hrsg., 2023), Sorgfaltspflichtenrecht.

Zimmer, Reingard (2022): Lieferkette im Blick, in: Arbeitsrecht im Betrieb (AiB) 9/2022, S. 21–24.

Zimmer, Reingard (2021): Das indonesische Freedom of Association Protocol. Ein Vorbild für andere internationale Rahmenabkommen zum Schutz von Gewerkschaftsrechten? HBS-Working Paper Forschungsförderung Nr. 121, Juli 2021, online: https://www.boeckler.de/de/faust-detail.htm?sync_id=HBS-008071 (12.11.2022).

Zimmer, Reingard (2020): International Framework Agreements: New Developments through better Implementation on the basis of an analysis of the Bangladesh Accord and the Indonesian Freedom of Association Protocol, in: International Organizations Law Review (IOLR) Vol. 17, Special Issue 2020, S. 178–205.

Zimmer, Reingard (2020): From International Framework Agreements towards transnational Collective Bargaining?, in: Bungenberg, Marc/Krajewski, Markus/Tams, Christian J./Terhechte, Jörg Philipp/Ziegler, Andreas R. (Hrsg.), European Yearbook of International Economic Law (EYIEL) 2019, Cham, Schweiz, S. 167–192.

Zimmer, Reingard (2019): Kommentierung: Internationale Rahmenabkommen (IFAs, § 8), in: Schlachter, Monika/Heuschmid, Johannes/Ulber, Daniel (Hrsg.), Arbeitsvölkerrecht – Eine systematische Darstellung, Berlin 2019, S. 433–448.

Zimmer, Reingard (2019): Kommentierung: Internationale Arbeitsorganisation (ILO, § 5) in: Schlachter, Monika/Heuschmid, Johannes/Ulber, Daniel (Hrsg.), Arbeitsvölkerrecht – Eine systematische Darstellung, Berlin 2019, S. 117–200.

Zimmer, Reingard (2019): Living Wages in International and European Law, in: Transfer Vol. 25, 3/2019, S. 285–299.

Zimmer, Reingard (2016): Unternehmensverantwortung im „Bangladesh-Accord". Welche Regelungen sind übertragbar auf andere Lieferketten? Gutachten im Auftrag der Friedrich-Ebert-Stiftung, Dezember 2016, online: http://library.fes.de/pdf-files/id-moe/13040.pdf (16.11.2022).

Zimmer, Reingard (2015): Betriebsräte als Akteure der Geschlechtergerechtigkeit. Betriebsverfassungsrechtliche Handlungsmöglichkeiten in Bezug auf Nichtdiskriminierung, Gleichstellung und Vereinbarkeit von Beruf und Privatleben, in: Arbeit und Recht (AuR) 03/2014, S. 88–92.

Zimmer, Reingard (2013a): Kompetenz Europäischer Betriebsräte zum Abschluss europaweiter Kollektivvereinbarungen?, Europäische Zeitschrift für Arbeitsrecht (EuZA) 4/2013, S. 459–471.

Zimmer, Reingard (2013b): Rechtliche Konzeption und Wirklichkeit: Europäische Betriebsräte als Verhandlungsakteure, in: Alewell, Dorothea (Hrsg.), Rechtstatsachen und Rechtswirkungen im Arbeits- und Sozialrecht, Berlin 2013, S. 114–134.

Zimmer, Reingard (2012): Will Corporate Social Responsibility Help to Improve Working Conditions?, in: Traub-Merz, R./Junhua, Z. (Hrsg.), Industrial Democracy in China. With additional studies on Germany, South-Korea and Vietnam, Beijing (China) 2012, S. 280–295.

Zimmer, Reingard (2008): Soziale Mindeststandards und ihre Durchsetzungsmechanismen, Baden-Baden.

Zimmer, Reingard (2005): Die Forbo-Entscheidung. Oder wie wichtig ein Zusammenwirken von Wirtschaftsausschuss und Europäischem Betriebsrat ist, in: Arbeitsrecht im Betrieb (AiB) 4/2005, S. 207–208.

In der Schriftenreihe des Hugo Sinzheimer Instituts
für Arbeits- und Sozialrecht sind zuletzt erschienen:

Band 47   Peter Stein
**Das kirchliche Selbstbestimmungsrecht im Arbeitsrecht
und seine Grenzen**
ISBN 978-3-7663-7295-6

Band 46   Bernd Waas
Künstliche Intelligenz und Arbeitsrecht
ISBN 978-3-7663-7294-9

Band 45   Victoria Koch-Rust/Gabriele Rosentreter
Rechtsstellung Dual Studierender
ISBN 978-3-7663-7287-1

Band 44   Michael Kittner/Ernesto Klengel
Die Entstehung des Kündigungsschutzgesetzes
ISBN 978-3-7663-7284-0

Band 43   Thomas Klein/Daniel Klocke/Monika Schlachter
**Standort- und Beschäftigungssicherung in Tarifverträgen
und Betriebsvereinbarungen**
ISBN 978-3-7663-7279-68

Band 42   Achim Seifert
**Kollektivverträge für wirtschaftlich abhängige Selbständige
und unionsrechtliches Kartellverbot**
ISBN 978-3-7663-7220-8

Band 41   Wolfgang Däubler
**Interessenvertretung durch Betriebsrat und Gewerkschaften
im digitalen Bereich**
ISBN 978-3-7663-7188-1

Band 40   Henner Wolter
**Arbeitsrecht bei Umstrukturierung von Betrieben
und Unternehmen**
ISBN 978-3-7663-7167-6

Band 39   Eberhard Eichenhofer
Wirtschaftliche, soziale und kulturelle Menschenrechte
ISBN 978-3-7663-7161-4

Band 38   Olaf Deinert
Betriebsverfassung in Zeiten der Globalisierung
ISBN 978-3-7663-7120-1

Weitere Informationen zur Schriftenreihe:
www.hugo-sinzheimer-institut.de